CONTENTS 目录

项目一　动力蓄电池的认知

实训　动力蓄电池参数识读

实训目标

本实训的主要目标是对动力蓄电池的参数进行识别和分析。

知识准备

参照后面的内容,并查阅实训车型的相关资料,完成以下各题。

(1)新能源汽车低压蓄电池的位置位于____________________。

(2)新能源汽车动力蓄电池的位置位于____________________。

(3)蓄电池电压检测步骤为:____

____

____

____

____

实训准备

本实训任务需准备的资源,要求及注意事项如下。

(1)资源:实训车辆(本次实训采用的实训车型是__________)、三件套、五件套、绝缘手套、绝缘鞋、绝缘垫、防护用品、万用表、专用工具、实训学习页、工作页等。

(2)任务:依据实训流程,完成对动力蓄电池的电压检测及动力蓄电池位置和参数的识别。

(3)要求:

①遵守实训车间纪律要求,听从实训教师的工作安排;

②严格按照实训学习页流程进行操作,不可跨流程进行操作;

③时间:用时90min;

④方式:小组合作形式完成;

⑤作业:完成工作页及相关记录。

注意事项：

(1)设施设备等橙色部件及高压警示的部件为高压部件，触碰高压部件之前必须完成断电及自身安全防护；

(2)有通电操作前，应得到实训老师允许才可以进行。

一、车辆基本信息的采集

1. 车辆铭牌信息

车辆铭牌一般贴在副驾驶 B 柱内饰板下部区域，如图 1-1-1 所示。具体车辆铭牌信息见表 1-1-1。

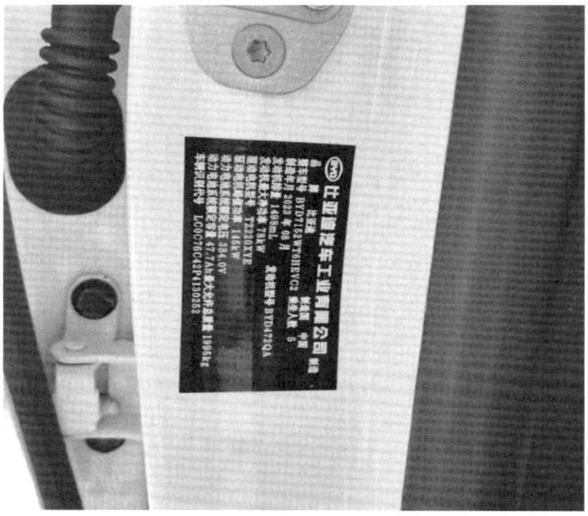

图 1-1-1　新能源汽车车辆铭牌位置

新能源汽车车辆铭牌信息　　表 1-1-1

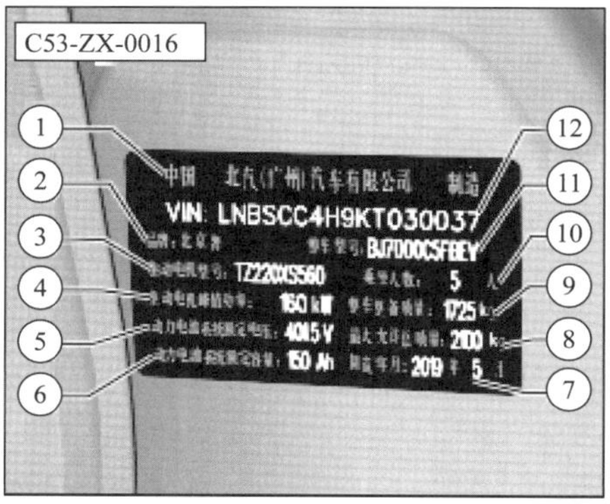

序号	名称	序号	名称
1	制造厂	7	制造年月
2	车辆品牌	8	最大允许总质量
3	驱动电机型号	9	整车整备质量
4	驱动电机峰值功率	10	乘坐人数
5	动力蓄电池系统额定电压	11	整车型号
6	动力蓄电池系统额定容量	12	车辆识别码(VIN 码)

2. 低压蓄电池及动力蓄电池位置

新能源汽车低压蓄电池位于前舱内，如图 1-1-2 所示。动力蓄电池位于底盘下方或后排座椅后方，如图 1-1-3 所示。

图 1-1-2　比亚迪 e6 低压蓄电池位置

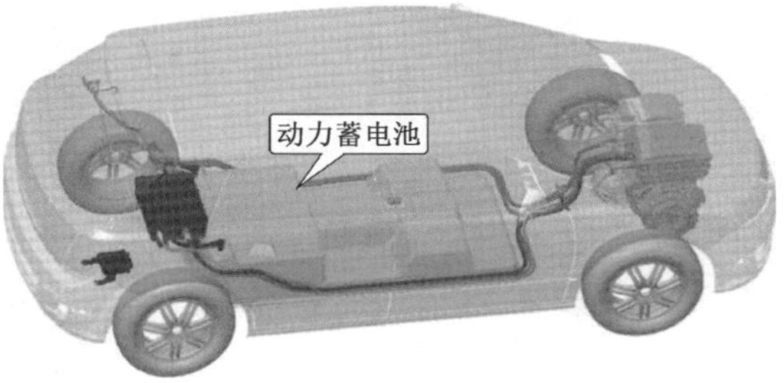

图 1-1-3　比亚迪 e6 动力蓄电池位置

二、低压蓄电池检查与维护

(1)打开比亚迪 e6 前舱盖,如图 1-1-4 所示,前舱盖开启开关位于驾驶室左下侧的位置。

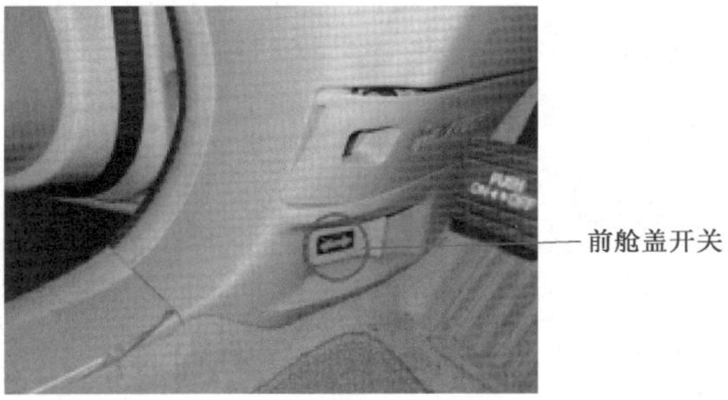

图 1-1-4　前舱盖开关

动力蓄电池的
外部检查

(2)架起前舱盖支撑杆,如图 1-1-5 所示。

(3)断开蓄电池负极。

(4)检查蓄电池壳、盖有无鼓胀、漏电解液及损伤;外观异常先确认其原因,若影响正常使用则加以更换。

(5)检查有无灰尘污渍,清洁,湿布清扫灰尘污渍。

(6)查连接线、端子等处有无生锈、松动等异常,出现锈迹则进行除锈、更换连接线、涂拭防锈剂等处理,如松动,拧紧接线处螺母,如图 1-1-6 所示。

图 1-1-5　前舱盖支撑图

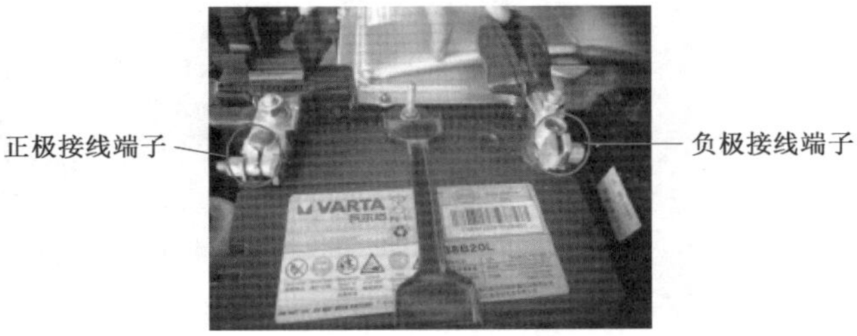

图 1-1-6　蓄电池正负极端子

(7)左右轻轻晃动蓄电池,看其是否稳固,如不稳固,拧紧紧固螺栓,如图 1-1-7 所示。

图 1-1-7　蓄电池紧固螺母

(8)如图 1-1-8 所示,用万用表测量蓄电池电压,看其是否正常。

图 1-1-8　蓄电池电压测量

(9)如图 1-1-9 所示,通过观察孔检查蓄电池电量是否正常。

图 1-1-9　观察孔位置图

(10)用数字温度计测量蓄电池表面温度,正常值应在 35℃以下。

实训工单

进行动力蓄电池参数识读时，请按照蓄电池、动力蓄电池检查维护（工作页）（表1-1-2）的提示完成实操并记录。

低压蓄电池、动力蓄电池检查维护（工作页）　　表1-1-2

<table>
<tr><td colspan="2" rowspan="2">低压蓄电池、动力蓄电池
检查维护</td><td colspan="2">班级：</td></tr>
<tr><td colspan="2">姓名：</td></tr>
<tr><td colspan="2">实训地点：</td><td colspan="2">实训时间：</td></tr>
<tr><td colspan="4">1. 车辆信息记录</td></tr>
<tr><td>品牌</td><td></td><td>整车型号</td><td></td></tr>
<tr><td>生产年月</td><td></td><td>车辆识别码</td><td></td></tr>
<tr><td colspan="4">2. 作业场地准备</td></tr>
<tr><td colspan="3">项目</td><td>是否正常</td></tr>
<tr><td colspan="3">检查设置隔离栏</td><td>□是　□否</td></tr>
<tr><td colspan="3">检查设置安全警示牌</td><td>□是　□否</td></tr>
<tr><td colspan="3">检查灭火器压力、有效期</td><td>□是　□否</td></tr>
<tr><td colspan="4">3. 对防护用品及仪器进行检查</td></tr>
<tr><td colspan="3">检查仪器名称</td><td>是否正常</td></tr>
<tr><td colspan="3">防护用具：绝缘手套、绝缘胶带、绝缘鞋、绝缘服、车辆防护用具</td><td>□是　□否</td></tr>
<tr><td colspan="3">拆装工具：新能源汽车专用拆装工具套装、旋具</td><td>□是　□否</td></tr>
<tr><td colspan="3">检测工具：万用表</td><td>□是　□否</td></tr>
<tr><td colspan="4">4. 车辆信息查找记录</td></tr>
<tr><td colspan="4">实施步骤</td></tr>
</table>

<table>
<tr><td rowspan="8">车辆铭牌
信息</td><td colspan="2">铭牌位置</td><td colspan="4"></td></tr>
<tr><td colspan="2">制造厂</td><td></td><td>制造年月</td><td colspan="2"></td></tr>
<tr><td colspan="2">车辆品牌</td><td></td><td>最大允许总质量</td><td colspan="2"></td></tr>
<tr><td colspan="2">驱动电机型号</td><td></td><td>整车整备质量</td><td colspan="2"></td></tr>
<tr><td colspan="2">驱动电机峰值功率</td><td></td><td>乘坐人数</td><td colspan="2"></td></tr>
<tr><td colspan="2">动力蓄电池系统额定电压</td><td></td><td>整车型号</td><td colspan="2"></td></tr>
<tr><td colspan="2">动力蓄电池系统额定容量</td><td colspan="4"></td></tr>
<tr><td colspan="2">车辆识别码（VIN码）</td><td colspan="4"></td></tr>
<tr><td rowspan="6">低压蓄电池、
动力蓄电池
信息</td><td rowspan="2">低压蓄电池</td><td>位置</td><td colspan="4"></td></tr>
<tr><td>参数信息</td><td>额定电压</td><td></td><td>容量</td><td></td></tr>
<tr><td rowspan="4">动力蓄电池</td><td>位置</td><td colspan="4"></td></tr>
<tr><td rowspan="3">参数信息</td><td>型号</td><td></td><td>电池能量</td><td></td></tr>
<tr><td>标称容量</td><td></td><td>标称电压</td><td></td></tr>
<tr><td>质量</td><td></td><td></td><td></td></tr>
</table>

续上表

	实施步骤	完成情况
低压蓄电池检查与维护	(1)打开前舱盖	
	(2)架起前舱盖支撑杆	
	(3)断开蓄电池负极	
	(4)检查蓄电池外观	
	(5)蓄电池外观清洁	
	(6)检查蓄电池连接情况	
	(7)蓄电池电压测量	测量值:
	蓄电池是否能正常使用	□是 □否
	总结:(在本次实操过程中,你认为还应该注意的点有哪些?)	
5. 现场7S管理		
建立安全操作环境		是□ 否□
清理及整理工量具		是□ 否□
清理及复原车辆正常状况		是□ 否□
清洗场地		是□ 否□
物品回收和环保		是□ 否□
完善和检查工作		是□ 否□
实训人(签字):		监督人(签字):

实训考核

学生完成动力蓄电池参数识读实训任务后,由实训老师按表1-1-3考核评价内容对学生进行实训考核。

蓄电池检查与维护考核评分表 表1-1-3

蓄电池检查与维护				实习日期:			
姓名:		班级:		学号:		导师签名:	
自评:□熟练 □不熟练		互评:□熟练 □不熟练		师评:□合格 □不合格			
日期:		日期:		日期:			
评分细则							
序号	评分项	得分条件	分值	评分要求	自评	互评	师评
1	安全/7S/态度	□(1)能进行工位7S操作 □(2)能进行设备和工具安全检查 □(3)能进行车辆安全防护操作 □(4)能进行工具清洁、校准、存放操作 □(5)能进行三不落地操作	10	未完成1项扣2分,扣分不得超过10分	□熟练 □不熟练	□熟练 □不熟练	□合格 □不合格

续上表

序号	评分项	得分条件	分值	评分要求	自评	互评	师评
2	专业技能能力	□(1)能正确查找车辆铭牌信息 □(2)能正确查找低压蓄电池、动力蓄电池位置 □(3)能对低压蓄电池进行正确的电压测量 □(4)能正确判断低压蓄电池的使用情况	30	未完成1项扣10分,扣分不得超过30分	□熟练 □不熟练	□熟练 □不熟练	□合格 □不合格
3	工具及设备的使用能力	□(1)检查设置安全警示牌 □(2)检查灭火器压力、有效期 □(3)安装车辆挡块 □(4)能正确检查防护用具:绝缘手套、绝缘胶带、绝缘鞋、绝缘服、车辆防护用具 □(5)能正确检查拆装工具:新能源专用拆装工具套装、扭力扳手 □(6)能正确使用检测工具:万用表	10	未完成1项扣2分,扣分不得超过10分	□熟练 □不熟练	□熟练 □不熟练	□合格 □不合格
4	车辆铭牌信息	□(1)能正确查找到车辆铭牌的位置 □(2)能正确记录车辆铭牌信息 □(3)能正确识读车辆铭牌信息内容	15	未完成1项扣5分,扣分不得超过15分	□熟练 □不熟练	□熟练 □不熟练	□合格 □不合格
5	低压蓄电池、动力蓄电池信息	□(1)能正确查找低压蓄电池、动力蓄电池的安装位置 □(2)能正确记录低压蓄电池、动力蓄电池参数信息 □(3)能正确识读低压蓄电池、动力蓄电池参数	15	未完成1项扣5分,扣分不得超过15分	□熟练 □不熟练	□熟练 □不熟练	□合格 □不合格
6	低压蓄电池检查与维护	□(1)能正确打开前舱盖找到低压蓄电池位置 □(2)能正确断开低压蓄电池负极 □(3)能对低压蓄电池外观和是否安装牢固进行检查并做清洁 □(4)能对低压蓄电池电压进行正确测量 □(5)能对蓄电池的测量电压进行正确判断	20	未完成1项扣5分,扣分不得超过20分	□熟练 □不熟练	□熟练 □不熟练	□合格 □不合格
总分:							

项目二　动力蓄电池的制造与检验

实训　动力蓄电池模组组装及检测

实训目标

本实训的主要目标是动力蓄电池模组组装及检测。

知识准备

参照后面的内容，并查阅实训车型的相关资料，完成以下各题。

(1)动力蓄电池系统形成路径：__________→__________→__________→__________→__________。

(2)在比亚迪—秦车上采用磷酸铁锂蓄电池，__________个单体，每个蓄电池单体电压__________V，蓄电池包标称电压__________V，标称容量__________A·h，一次充电__________kW·h。

(3)在车上为检测电池模组，断电操作主要步骤是：①__________；②__________；③__________。

(4)一般检测电池模组电压可用__________表，检测电池模组绝缘可用__________表。

实训准备

本实训任务需准备的资源、要求及注意事项如下。

(1)资源：实训车辆(本次实训采用的车型是__________)、保洁用品三件套或五件套、万用表、绝缘手套、绝缘鞋、绝缘垫、实训学习页、工作页、万用表、兆欧表、诊断仪、防护用品、专用工具等。

(2)任务：依据实训流程，完成对充电设备的检查与维护。

(3)要求：

①遵守实训车间纪律要求，听从实训教师的工作安排；

②严格按照实训学习页流程进行操作，不可跨流程进行操作；

③时间：用时90min；

④方式：小组合作形式完成；

⑤作业：完成工作页及相关记录。

注意事项：

(1)设施设备等橙色部件及高压警示的部件为高压部件，触碰高压部件之前必须完成断电及自身安全防护；

(2)在通电操作前，应得到实训老师允许才可以进行。

一、动力蓄电池模组

动力蓄电池模组组装

1. 比亚迪—秦动力蓄电池包参数

比亚迪—秦采用磷酸铁锂蓄电池，152 个单体，每个蓄电池单体电压 3.3V，蓄电池包标称电压 501.6V，标称容量 26A · h，一次充电 13kW · h。

2. 比亚迪—秦动力蓄电池包结构

比亚迪—秦动力蓄电池包的结构组成如图 2-1-1 所示，由上下两层共 10 个模组构成，模组间通过连接片连接。

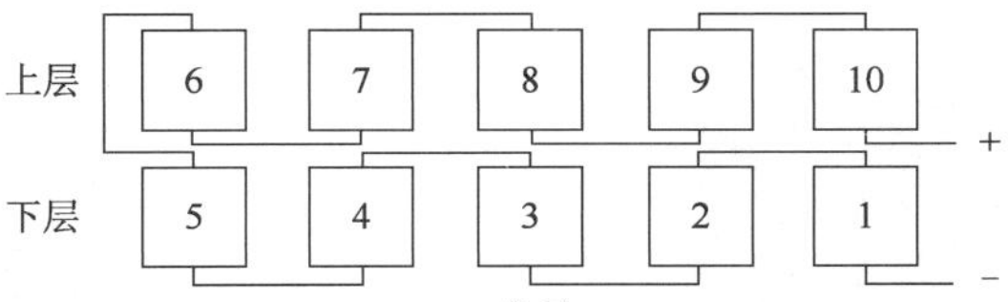

图 2-1-1　比亚迪—秦动力蓄电池包结构图

3. 比亚迪—秦动力蓄电池包组成

比亚迪—秦动力蓄电池包组成如图 2-1-2 所示，包括蓄电池模组、采集线、模组连接片、蓄电池护板、安装支架等。

4. 维修开关

维修开关位于动力蓄电池包总成的左上方，如图 2-1-3 所示。连接了动力蓄电池包的正极和负极，外观结构如图 2-1-4 所示，其工作原理如图 2-1-5 所示，断开维修开关，动力蓄电池包被短路，不对外输出电流，从而保证维修人员安全。

图 2-1-2　比亚迪—秦动力蓄电池包组成图

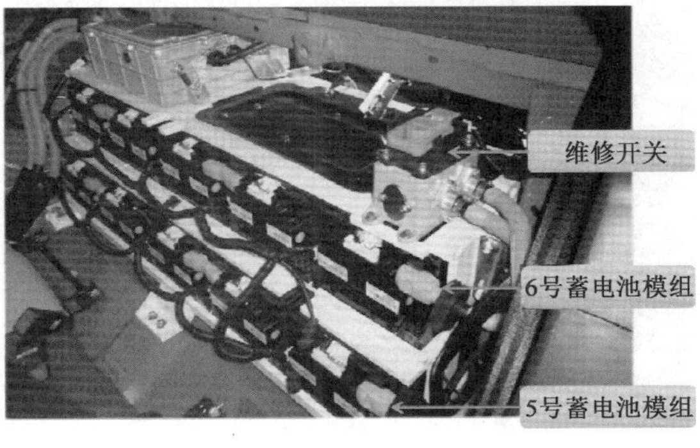

图 2-1-3　维修开关位置图

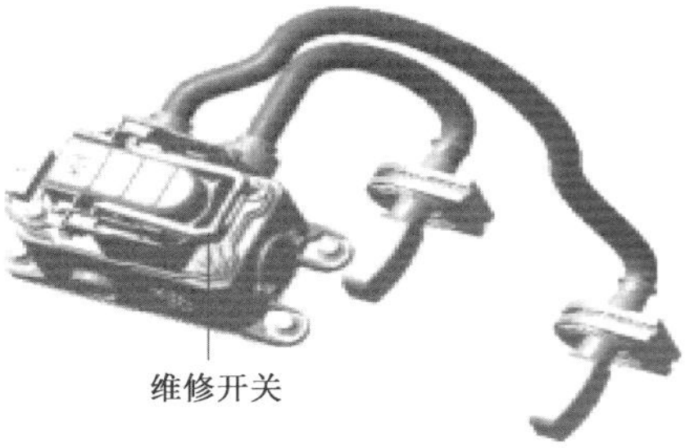

图 2-1-4　维修开关外观图

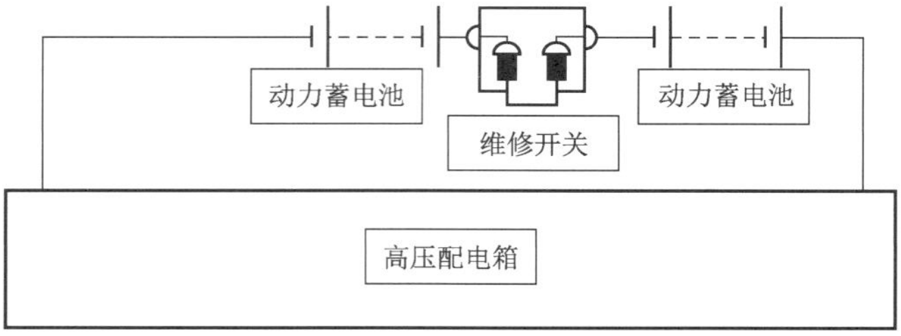

图 2-1-5　维修开关原理图

二、比亚迪—秦动力蓄电池检测

（1）打开行李舱盖，开关位置如图 2-1-6 所示，位于驾驶室脚垫靠座椅处。

（2）拆除行李舱护板，如图 2-1-7 所示，包括侧护板、底部护板和前护板，拆除前护板时应先拆除行李舱照明灯插头，如图 2-1-8 所示，其位于行李舱灯背面。

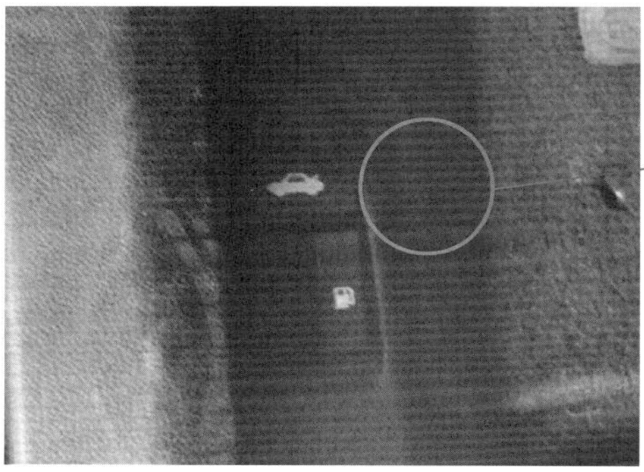

图 2-1-6　行李舱开关

图 2-1-7　行李舱护板

（3）拆卸后排座垫，座椅的前面左右各有一个卡扣扣在上面，拆卸座椅的时候用力向上提，就能拆下，如图 2-1-9 所示。

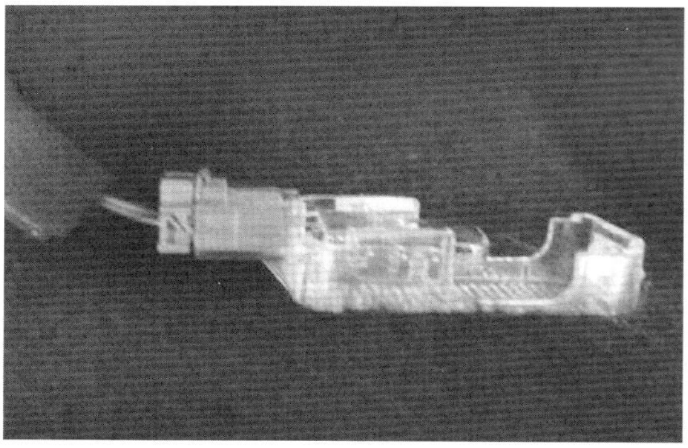

图 2-1-8　行李舱照明灯插头

图 2-1-9　座椅卡扣

(4)拆卸后排座椅靠背,拆掉座椅后,能看到靠背的两颗螺钉,如图 2-1-10 所示,拆掉螺钉,靠背是挂在后面的,拆卸靠背的时候向上提,将靠背摘下来。拆除座椅靠背的时候应注意座椅靠背上连接的 3 个插头,左侧有两个,右侧有一个,如图 2-1-11 所示,取下座椅靠背之前,应先断开 3 个插头。

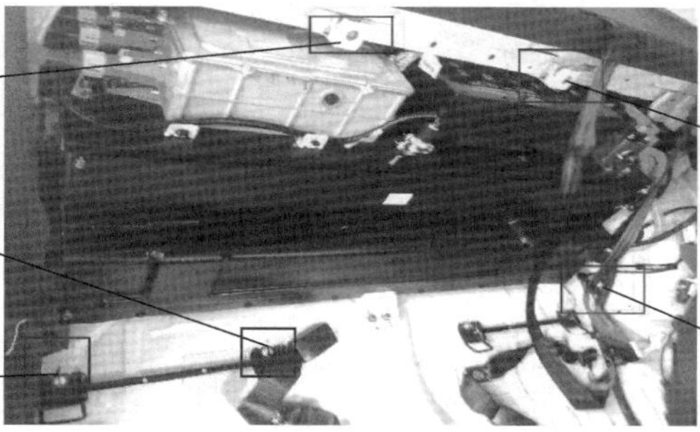

图 2-1-10　座椅挂钩螺钉位置图

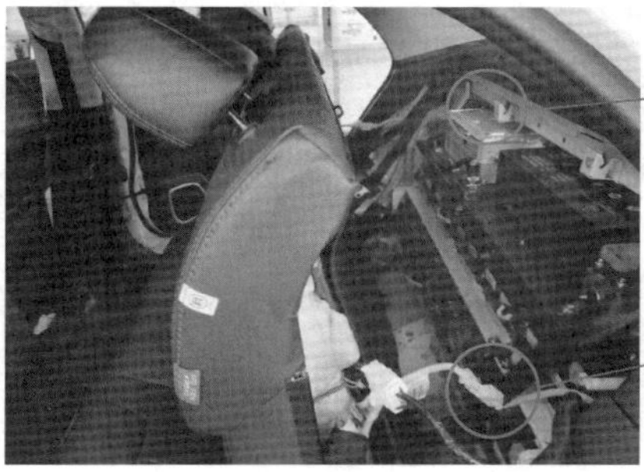

图 2-1-11　连接插头

(5)拔掉维修开关,将维修开关放在不易触碰的地方,将警示牌放置于维修开关座旁边。维修开关位置如图 2-1-12 所示。

(6)拆除动力蓄电池前后两块护板,如图 2-1-13 所示。

图 2-1-12　维修开关位置图

图 2-1-13　动力蓄电池护板

(7)插上维修开关,起动车辆(不踩制动踏板,按两下起动开关),仪表显示如图 2-1-14 所示。

(8)用万用表测量模组电压,用兆欧表测量绝缘电阻。如图 2-1-15 所示。

图 2-1-14　ON 挡电仪表显示

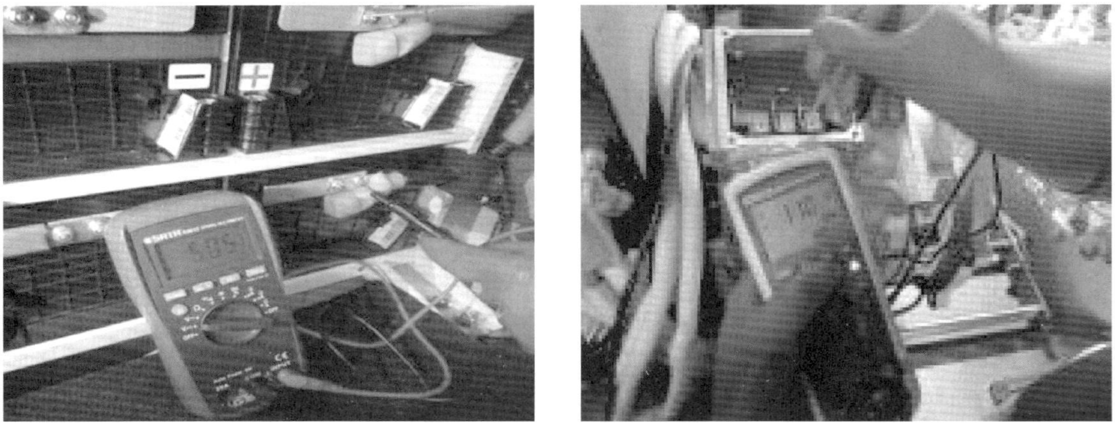

a)数字万用表　　b)兆欧表

图 2-1-15　测量动力蓄电池模组

(9)检测完,组装模组,安装好拆卸部件,如图 2-1-16 所示。收拾好工具,做好 5S 管理。

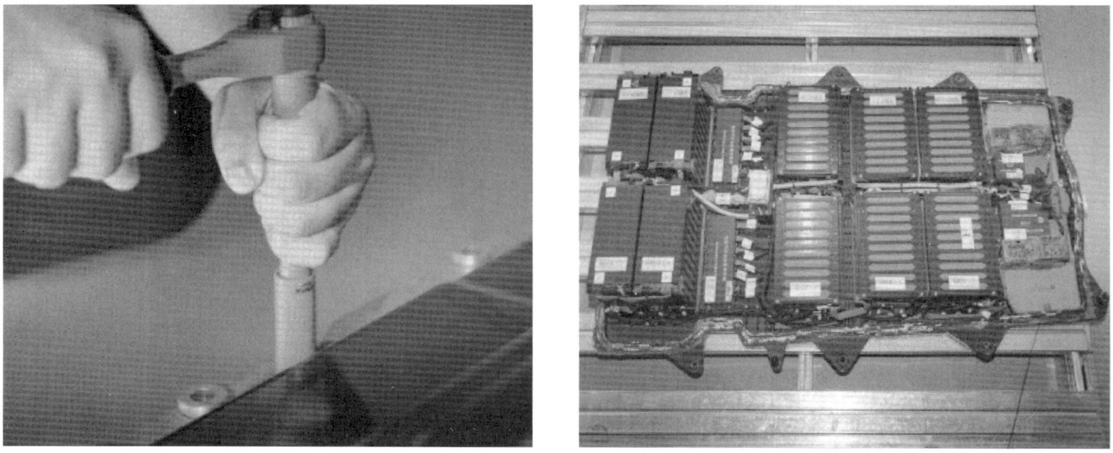

a)绝缘工具　　b)蓄电池模组组装后

图 2-1-16　组装模组

实训工单

进行动力蓄电池模组组装及检测时，请按照动力蓄电池模组组装及检测（工作页）（表2-1-1）的提示完成实操并记录。

动力蓄电池模组组装及检测（工作页）　　表2-1-1

<table>
<tr><td colspan="4" rowspan="2">动力蓄电池模组组装及检测</td><td colspan="2">班级：</td></tr>
<tr><td colspan="2">姓名：</td></tr>
<tr><td colspan="4">实训地点：</td><td colspan="2">实训时间：</td></tr>
<tr><td colspan="6">1. 车辆信息记录</td></tr>
<tr><td>品牌</td><td></td><td>整车型号</td><td></td><td>生产年月</td><td></td></tr>
<tr><td>动力蓄电池模组类型</td><td></td><td>动力蓄电池剩余电量</td><td></td><td>动力蓄电池总电压</td><td></td></tr>
<tr><td>动力蓄电池包参数</td><td colspan="5"></td></tr>
<tr><td colspan="6">2. 作业场地准备</td></tr>
<tr><td colspan="5">项目</td><td>是否正常</td></tr>
<tr><td colspan="5">检查设置隔离栏</td><td>□是　□否</td></tr>
<tr><td colspan="5">检查设置安全警示牌</td><td>□是　□否</td></tr>
<tr><td colspan="5">检查灭火器压力、有效期</td><td>□是　□否</td></tr>
<tr><td colspan="5">安装车辆挡块</td><td>□是　□否</td></tr>
<tr><td colspan="6">3. 对仪器进行检查</td></tr>
<tr><td colspan="5">检查仪器名称</td><td>是否正常</td></tr>
<tr><td colspan="5">防护用具：绝缘手套、车辆防护用具、警示牌、护栏</td><td>□是　□否</td></tr>
<tr><td colspan="5">拆装工具：新能源汽车专用拆装工具套装、工具车、拆装桌、拆装垫</td><td>□是　□否</td></tr>
<tr><td colspan="5">检测工具：万用表、兆欧表、解码仪</td><td>□是　□否</td></tr>
<tr><td colspan="6">4. 检查与维护前的准备工作</td></tr>
<tr><td colspan="5">实施步骤</td><td>是否完成</td></tr>
<tr><td colspan="5">（1）用干净毛巾清洁桌面　毛巾干净　是□　否□
清洁桌面　是□　否□</td><td>是□　否□</td></tr>
<tr><td colspan="5">（2）用干净毛巾清洁蓄电池单体　毛巾干净　是□　否□
清洁蓄电池单体　是□　否□</td><td>是□　否□</td></tr>
<tr><td colspan="5">（3）用干净毛巾清洁蓄电池模组壳体　毛巾干净　是□　否□
清洁蓄电池模组壳体　是□　否□</td><td>是□　否□</td></tr>
<tr><td colspan="5">（4）检查紧固螺钉的螺纹结构　是□　否□有破损　如果有　颗</td><td>是□　否□</td></tr>
<tr><td colspan="5">（5）蓄电池单体外观　是□　否□破损、是□　否□鼓包、是□　否□变形，
是□　否□正常</td><td>是□　否□</td></tr>
<tr><td colspan="5">（6）蓄电池单体极柱上螺纹结构　是□　否□破损；如果有　个单体；是□　否□做好标识</td><td>是□　否□</td></tr>
<tr><td colspan="6">（7）用万用表检测电压</td></tr>
</table>

续上表

自定蓄电池模组序号	电压(V)　　基本状况
(　　)模组	电压______V，　正常□　异常□
(　　)模组	电压______V，　正常□　异常□
(　　)模组	电压______V，　正常□　异常□
(　　)模组	电压______V，　正常□　异常□
(8)用兆欧表检测绝缘电阻	
(　　)模组	电阻______，　正常□　异常□
(　　)模组	电阻______，　正常□　异常□
(　　)模组	电阻______，　正常□　异常□
(9)蓄电池模组壳体　是□　否□有破损，　是□　否□有变形	
(10)蓄电池模组盖板是□否□有破损，是□否□有变形，连接器件是□否□完好	
(11)确认蓄电池模组盖板线路的走向是：横向□纵向□，蓄电池连接关系为串联□并联□	
(12)组装模组成蓄电池包，其连接关系是：串联□　并联□	
(13)盖板连接螺栓 是□　否□　紧固	
(14)检测组装后的蓄电池组电压______V；电压状况　是□　否□正常	
(15)检测组装后的蓄电池组绝缘电阻值______；电阻值状况　是□　否□正常	
5. 现场7S管理	
建立安全操作环境	是□　否□
清理及整理工量具	是□　否□
清理及复原车辆正常状况	是□　否□
清洗场地	是□　否□
物品回收和环保	是□　否□
完善和检查工作	是□　否□
实训人(签字)：	监督人(签字)：

实训考核

学生完成动力蓄电池模组组装及检测实训任务后，由实训老师按表 2-1-2 考核评价内容对学生进行实训考核。

比亚迪—秦动力蓄电池模组组装及检测考核评分表　　表 2-1-2

比亚迪—秦动力蓄电池模组组装及检测			实习日期：				
姓名：		班级：	学号：		导师签名：		
自评：□熟练　□不熟练		互评：□熟练　□不熟练	师评：□合格　□不合格				
开始时间：		结束时间：	总计(分)：				
评分细则							
序号	评分项	得分条件	分值	评分要求	自评	互评	师评
1	安全/7S/态度	□(1)能进行工位 7S 操作 □(2)能进行设备和工具安全检查 □(3)能进行车辆安全防护操作 □(4)能进行工具清洁、校准、存放操作 □(5)能进行三不落地操作	15	未完成 1 项扣 3 分，扣分不得超过 15 分	□熟练 □不熟练	□熟练 □不熟练	□合格 □不合格
2	专业技能能力	□(1)关闭点火开关、拔下钥匙 □(2)拆下低压蓄电池负极、使用绝缘胶带包好 □(3)佩戴绝缘手套、断开高压维修开关 □(4)拆下动力蓄电池总正、总负插头和低压线束插头 □(5)能正确测量模组电压、并记录	70	未完成 1 项扣 14 分，扣分不得超过 70 分	□熟练 □不熟练	□熟练 □不熟练	□合格 □不合格
3	工具及设备的使用能力	□(1)检查设置隔离栏 □(2)检查设置安全警示牌 □(3)检查灭火器压力、有效期 □(4)安装车辆挡块 □(5)能正确检查防护用具：绝缘手套、绝缘胶带、绝缘鞋、绝缘服、车辆防护用具 □(6)能正确检查拆装工具：新能源汽车专用拆装工具套装、扭力扳手 □(7)能正确检查检测工具：万用表、兆欧表	15	未完成 1 项扣 3 分，扣分不得超过 10 分	□熟练 □不熟练	□熟练 □不熟练	□合格 □不合格
总分：							

项目三　可充电储能装置装调与测试

实训一　镍氢动力蓄电池检测

实训目标

本实训的主要目标是镍氢动力蓄电池检测。

知识准备

参照后面的内容，并查阅实训车型的相关资料，完成以下各题。

(1)测量镍氢动力蓄电池所用的设备为__________。

(2)用__________测量镍氢蓄电池包电压。

(3)丰田 Priust 的动力蓄电池包安装在__________。

(4)拔掉维修开关后，应在附近放置__________。

实训准备

本实训任务需准备的资源、要求及注意事项如下。

(1)资源：实训车辆(本次实训采用的实训车型是__________)、内阻测试仪、保洁五件套、万用表、绝缘手套、绝缘鞋、绝缘垫、兆欧表、防护用品、专用工具、实训学习页、工作页等。

(2)任务：依据实训工艺流程，完成对镍氢动力蓄电池的认知与测量。

(3)要求：

①遵守实训车间纪律要求，听从实训教师的工作安排；

②严格按照实训工艺流程进行操作，不可跨流程进行操作；

③时间：用时 90min；

④方式：小组合作形式完成；

⑤作业：完成实训工作页及相关记录。

注意事项：

(1)设施设备等橙色部件及高压警示的部件为高压部件，触碰高压部件之前必须完成断电及自身安全防护；

(2)插拔维修开关时必须佩戴绝缘手套，拆卸后放置在不易触碰的地方并有高压安全警示；

(3)车辆上电前应得到实训老师允许才可以进行,且不可随意操纵变速杆挂挡,可将车辆安全举升离地。

镍氢动力蓄电池检测

(1)将准备好的镍氢动力蓄电池及 HDGC3915 蓄电池内阻测试仪放置在操作台上,如图 3-1-1所示。

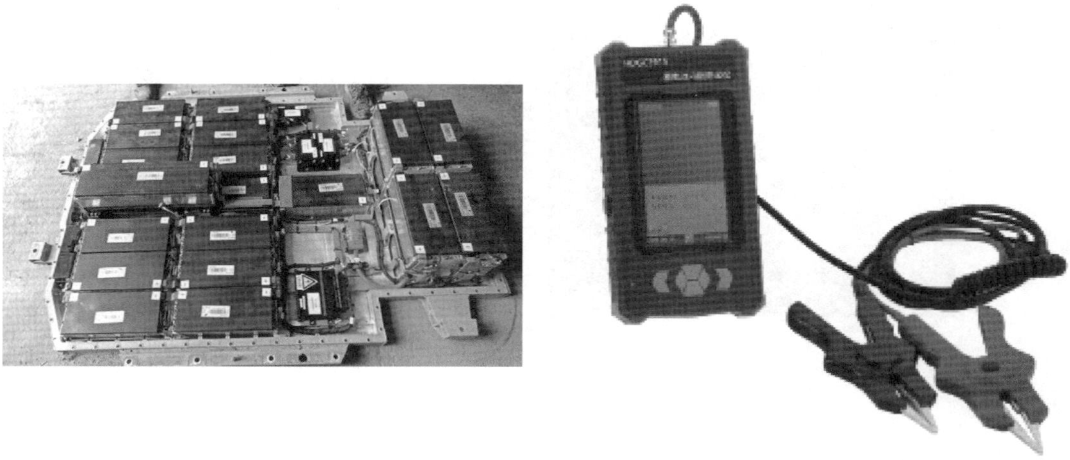

图 3-1-1　镍氢动力蓄电池及 HDGC3915 蓄电池内阻测试仪

(2)连接 HDGC3915 蓄电池内阻测试仪的测试线(注意:红色接正极,黑色接负极,切勿反接),如图 3-1-2 所示。

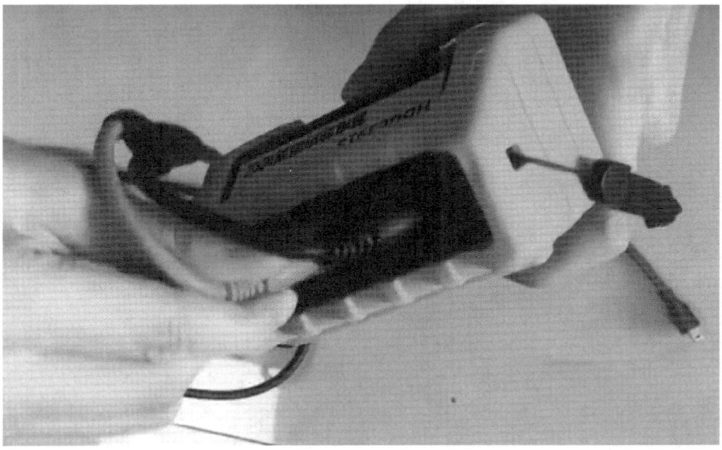

图 3-1-2　HDGC3915 蓄电池内阻测试仪的测试线

(3)打开 HDGC3915 蓄电池内阻测试仪,选择“单节测量”,进行参数测试,根据所准备镍氢动力蓄电池相关参数设置电压类型、电池类型及电池号。如图 3-1-3 所示。

(4)将测试线与准备的镍氢动力蓄电池正负极连接,点击开始测量。

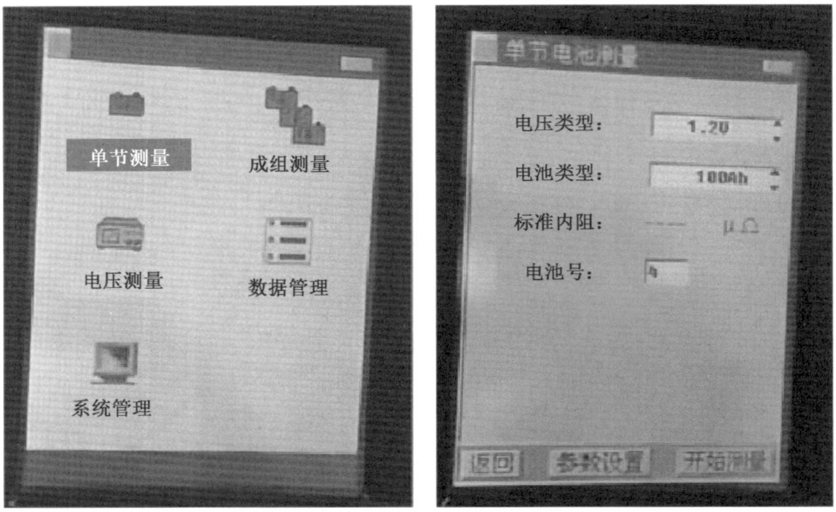

图 3-1-3　参数测试设置

实训工单

进行镍氢动力蓄电池检测时，请按照镍氢动力蓄电池检测（工作页）（表 3-1-1）的提示完成实操并记录。

镍氢动力蓄电池检测（工作页）　　表 3-1-1

镍氢动力蓄电池检测		班级：	
		姓名：	
实训地点：		实训时间：	
1. 镍氢动力蓄电池基本参数			
型号		容量	
电压		尺寸	
2. 作业场地准备			
项目			是否正常
检查设置隔离栏			□是　□否
检查设置安全警示牌			□是　□否
检查灭火器压力、有效期			□是　□否
3. 对仪器进行检查			
检查仪器名称：			□是　□否正常
防护用具：绝缘手套、绝缘胶带、绝缘鞋、绝缘服、车辆防护用具			□是　□否齐全
拆装工具：新能源汽车专用拆装工具套装			□是　□否齐全
检测工具：蓄电池内阻测试仪、万用表、兆欧表			□是　□否齐全

续上表

4. 镍氢动力蓄电池检测				
实施步骤				是否正常
镍氢动力蓄电池检测	(1)检查操作台设备及工具是否齐全			有□　否□
	(2)连接内阻测试仪表笔,查看有无异常			有□　无□
	(3)打开蓄电池内阻测试仪电源,查看仪器有无异常			有□　无□
	(4)设置电压及内阻参数,查看有无异常			有□　无□
	(5)镍氢动力蓄电池外观检查,查看有无异常			有□　无□
	(6)对单体蓄电池进行测量,并判断有无异常			有□　无□
	(7)测量完成的蓄电池放置在操作台对应区域并进行记录			
	测量单体蓄电池序号	电阻值	电压值	是否正常
				是□　否□
				是□　否□
				是□　否□
				是□　否□
				是□　否□
				是□　否□
				是□　否□
5. 现场7S管理				
建立安全操作环境				是□　否□
清理及整理工量具				是□　否□
清理及复原车辆正常状况				是□　否□
清洗场地				是□　否□
物品回收和环保				是□　否□
完善和检查工作				是□　否□
实训人(签字):		监督人(签字):		

实训考核

学生完成镍氢动力蓄电池检测实训任务后,由实训老师按表3-1-2考核评价内容对学生进行实训考核。

镍氢动力蓄电池检测考核评分表　　表3-1-2

镍氢动力蓄电池检测		实习日期:	
姓名:	班级:	学号:	导师签名:
自评:□熟练　□不熟练	互评:□熟练　□不熟练	师评:□合格　□不合格	
日期:	日期:	日期:	

续上表

评分细则							
序号	评分项	得分条件	分值	评分要求	自评	互评	师评
1	安全/7S/态度	□(1)能进行工位7S操作 □(2)能进行设备和工具安全检查 □(3)能进行车辆安全防护操作 □(4)能进行工具清洁、校准、存放操作 □(5)能进行三不落地操作	20	未完成1项扣4分,扣分不得超过20分	□熟练 □不熟练	□熟练 □不熟练	□合格 □不合格
2	专业技能能力	□(1)能正确完成蓄电池内阻测试仪相关参数设置 □(2)能正确进行镍氢动力蓄电池检测并判断是否有异常	30	未完成1项扣15分,扣分不得超过30分	□熟练 □不熟练	□熟练 □不熟练	□合格 □不合格
3	工具及设备的使用能力	□(1)检查设置安全警示牌 □(2)检查灭火器压力、有效期 □(3)能正确检查防护用具:绝缘手套、绝缘胶带、绝缘鞋、绝缘服、车辆防护用具 □(4)能正确检查拆装工具:新能源汽车专用拆装工具套装、扭矩扳手 □(5)能正确检查检测工具:万用表、兆欧表	20	未完成1项扣4分,扣分不得超过20分	□熟练 □不熟练	□熟练 □不熟练	□合格 □不合格
4	镍氢动力蓄电池检测	□(1)能正确准备单体检测操作台并判断是否齐全 □(2)能正确连接蓄电池内阻测试仪并判断有无异常 □(3)能正确设置参数并判断有无异常 □(4)能正确进行蓄电池单体外观检查并判断有无异常 □(5)能正确测量各个蓄电池单体电压及内阻,并进行记录和判断	30	未完成1项扣5分,扣分不得超过30分	□熟练 □不熟练	□熟练 □不熟练	□合格 □不合格
总分:							

实训二　锂离子蓄电池检测

实训目标

本实训的主要目标是锂离子蓄电池检测。

知识准备

参照后面的内容,并查阅实训的相关资料,完成以下各题。

(1)测量锂离子单体蓄电池所用的设备为__________。

(2)蓄电池内阻测试仪使用前应进行__________。

(3)内阻测试仪参数设置包括上限值__________、__________。

实训准备

本实训任务需准备的资源、要求及注意事项如下。

(1)资源:内阻测试仪、绝缘手套、绝缘鞋、绝缘垫、万用表、兆欧表、专用工具和实训学习页、工作页等。

(2)任务:依据实训工艺流程,完成对锂离子动力蓄电池的测量。

(3)要求:

①遵守实训车间纪律要求,听从实训教师的工作安排;

②严格按照实训学习页中测量流程进行操作,不可跨流程进行操作;

③时间:用时 90min;

④方式:小组合作形式完成;

⑤作业:完成工作页及相关记录。

注意事项:

(1)设施设备使用前应认真检查,确保连接完好;

(2)设施设备需通电时应提前向实训老师报告,经允许才可通电;

(3)设施设备使用时严格按照使用手册要求的操作步骤进行,切不可随意操作。

锂离子单体蓄电池检测

(1)将锂离子单体蓄电池及蓄电池内阻测试仪放置在操作台上,如图 3-2-1 所示。

(2)连接蓄电池内阻测试仪的表笔。如图 3-2-2 所示。

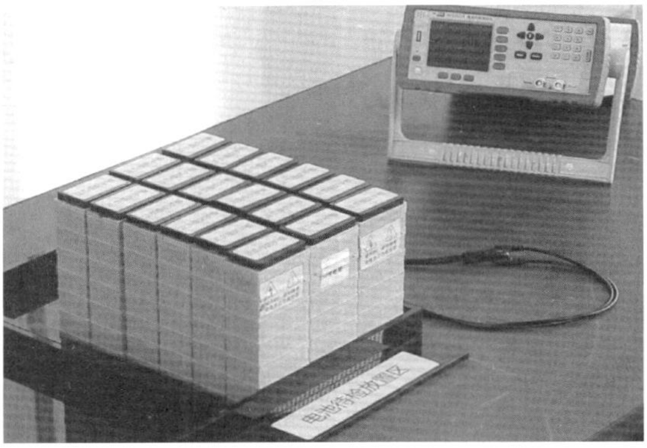

图 3-2-1　锂离子蓄电池检测操作台

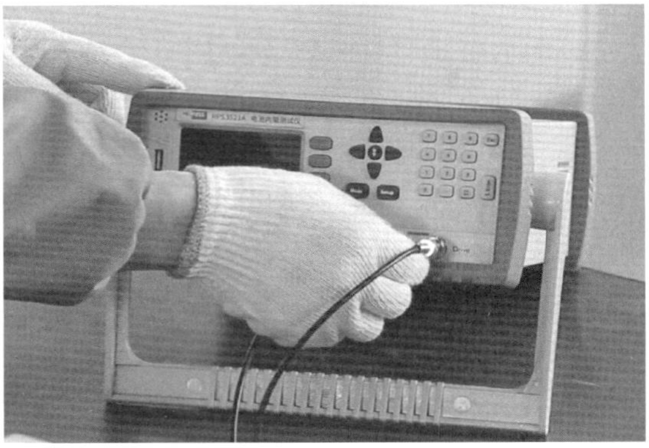

图 3-2-2　连接内阻测试仪的表笔

(3)接通内阻测试仪电源,进行短路清零,注意红黑表笔应对准并按压。如图 3-2-3 所示。

(4)设置内阻测试仪电压及内阻测试参数,包括标准值、上限值及下限值,不同蓄电池标准参数有所不同,应参照厂家规定标准值进行设置,如图 3-2-4 所示。

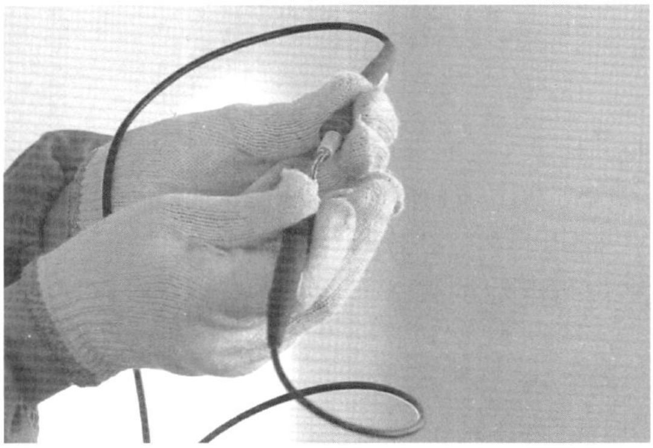

图 3-2-3　短路清零

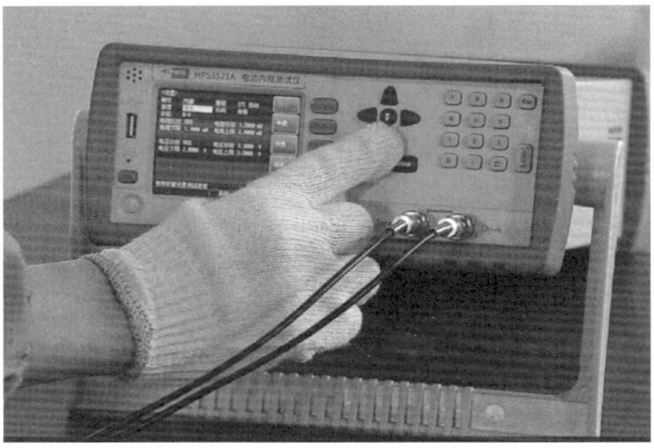

图 3-2-4　参数设置

(5)锂离子单体蓄电池外观检查,主要检查有无裂纹、漏液、鼓包、锈蚀等,如图 3-2-5 所示。

(6)利用内阻测试仪对锂离子单体蓄电池进行电压和内阻测量,如图 3-2-6 所示,判断其是否正常,测量结果如图 3-2-7 所示。

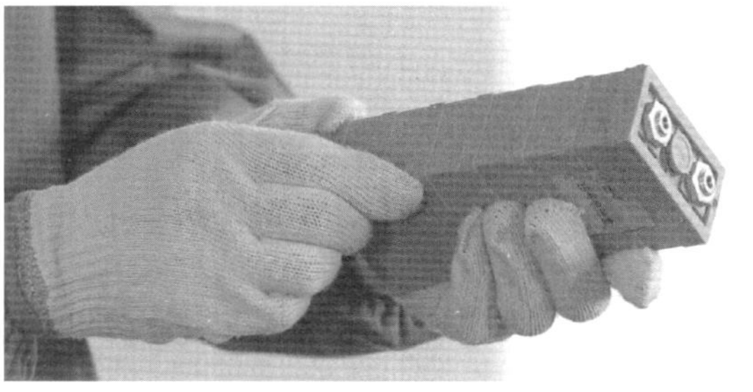

图 3-2-5　锂离子单体蓄电池外观检查

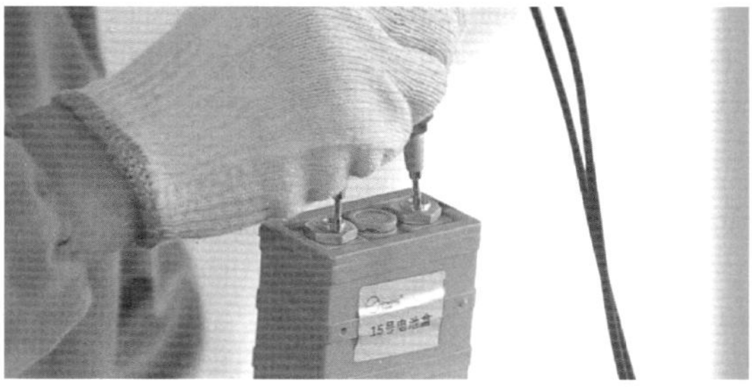

图 3-2-6　锂离子单体蓄电池测量

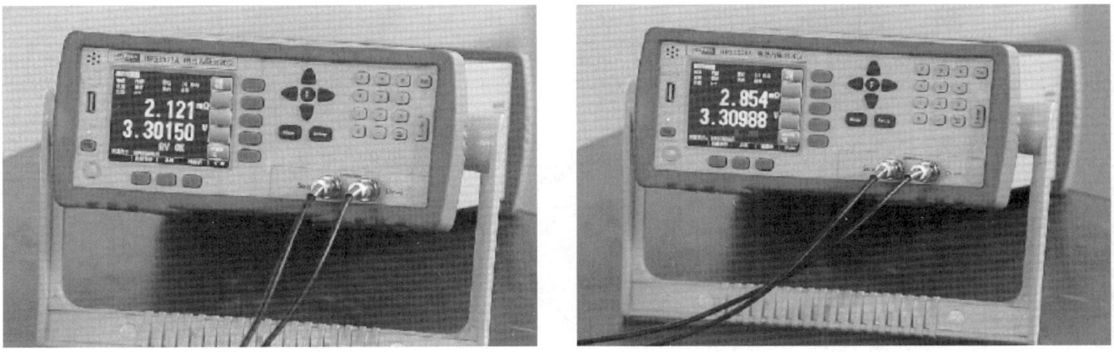

图 3-2-7　锂离子蓄电池单体测量结果显示

(7)将测量完成的锂离子单体蓄电池放置在操作台对应区域。如图 3-2-8 所示。

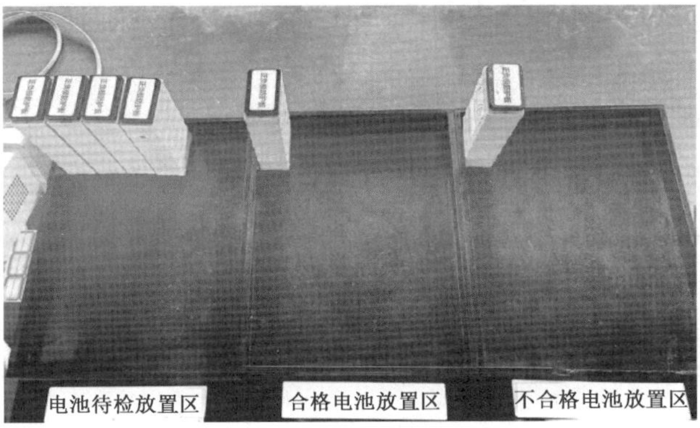

图 3-2-8　锂离子蓄电池单体放置区

单体蓄电池电压测量

实训工单

进行锂离子蓄电池检测时,请按照锂离子蓄电池检测(工作页)(表 3-2-1)的提示完成实操并记录。

锂离子蓄电池检测(工作页)　　表 3-2-1

<table>
<tr><td colspan="2" rowspan="2">锂离子蓄电池检测</td><td colspan="2">班级:</td></tr>
<tr><td colspan="2">姓名:</td></tr>
<tr><td colspan="2">实训地点:</td><td colspan="2">实训时间:</td></tr>
<tr><td colspan="4">1. 信息记录</td></tr>
<tr><td>蓄电池类型</td><td></td><td>蓄电池品牌</td><td></td></tr>
<tr><td colspan="4">2. 作业场地准备</td></tr>
<tr><td colspan="3">项目</td><td>是否正常</td></tr>
<tr><td colspan="3">检查设置隔离栏</td><td>□是　□否</td></tr>
<tr><td colspan="3">检查设置安全警示牌</td><td>□是　□否</td></tr>
<tr><td colspan="3">检查灭火器压力、有效期</td><td>□是　□否</td></tr>
</table>

续上表

<table>
<tr><td colspan="4">3. 对仪器进行检查</td></tr>
<tr><td colspan="4">检查仪器名称</td><td>是否正常</td></tr>
<tr><td colspan="4">防护用具：绝缘手套、绝缘胶带、绝缘鞋、绝缘服</td><td>□是 □否</td></tr>
<tr><td colspan="4">拆装工具：新能源汽车专用拆装工具套装</td><td>□是 □否</td></tr>
<tr><td colspan="4">检测工具：蓄电池内阻测试仪、万用表、兆欧表</td><td>□是 □否</td></tr>
<tr><td colspan="5">4. 锂离子单体蓄电池检测</td></tr>
<tr><td colspan="4">实施步骤</td><td>是否正常</td></tr>
<tr><td rowspan="15">锂离子
单体蓄电池
检测</td><td colspan="3">(1)检查操作台设备及工具是否齐全</td><td>有□ 否□</td></tr>
<tr><td colspan="3">(2)连接内阻测试仪表笔，查看有无异常</td><td>有□ 无□</td></tr>
<tr><td colspan="3">(3)接通内阻测试仪电源，进行短路清零，查看有无异常</td><td>有□ 无□</td></tr>
<tr><td colspan="3">(4)设置电压及内阻测量参数，查看有无异常</td><td>有□ 无□</td></tr>
<tr><td colspan="3">(5)锂离子单体蓄电池外观检查，查看有无异常</td><td>有□ 无□</td></tr>
<tr><td colspan="3">(6)对锂离子单体蓄电池进行电压和内阻测量，并判断有无异常</td><td>有□ 无□</td></tr>
<tr><td colspan="3">(7)测量完成的锂离子单体蓄电池放置在操作台对应区域并进行记录</td><td></td></tr>
<tr><td>测量单体蓄电池序号</td><td>电阻值</td><td>电压值</td><td>是否正常</td></tr>
<tr><td></td><td></td><td></td><td>是□ 否□</td></tr>
<tr><td></td><td></td><td></td><td>是□ 否□</td></tr>
<tr><td></td><td></td><td></td><td>是□ 否□</td></tr>
<tr><td></td><td></td><td></td><td>是□ 否□</td></tr>
<tr><td></td><td></td><td></td><td>是□ 否□</td></tr>
<tr><td></td><td></td><td></td><td>是□ 否□</td></tr>
<tr><td></td><td></td><td></td><td>是□ 否□</td></tr>
<tr><td colspan="5">5. 现场 7S 管理</td></tr>
<tr><td colspan="4">建立安全操作环境</td><td>是□ 否□</td></tr>
<tr><td colspan="4">清理及整理工量具</td><td>是□ 否□</td></tr>
<tr><td colspan="4">清理及复原汽车和设备正常状况</td><td>是□ 否□</td></tr>
<tr><td colspan="4">清洗场地</td><td>是□ 否□</td></tr>
<tr><td colspan="4">物品回收和环保</td><td>是□ 否□</td></tr>
<tr><td colspan="4">完善和检查工作</td><td>是□ 否□</td></tr>
<tr><td colspan="3">实训人(签字)：</td><td colspan="2">监督人(签字)：</td></tr>
</table>

实训考核

学生完成锂离子蓄电池检测后，由实训老师按表 3-2-2 考核评价内容对学生进行实训考核。

锂离子蓄电池检测考核评分表　　表 3-2-2

<table>
<tr><td colspan="4">锂离子蓄电池检测</td><td colspan="4">实习日期：</td></tr>
<tr><td colspan="2">姓名：</td><td>班级：</td><td colspan="3">学号：</td><td colspan="2" rowspan="3">导师签名：</td></tr>
<tr><td colspan="2">自评：□熟练　□不熟练</td><td>互评：□熟练　□不熟练</td><td colspan="3">师评：□合格　□不合格</td></tr>
<tr><td colspan="2">日期：</td><td>日期：</td><td colspan="3">日期：</td></tr>
<tr><td colspan="8">评分细则</td></tr>
<tr><td>序号</td><td>评分项</td><td>得分条件</td><td>分值</td><td>评分要求</td><td>自评</td><td>互评</td><td>师评</td></tr>
<tr><td>1</td><td>安全/7S/态度</td><td>□(1)能进行工位 7S 操作
□(2)能进行设备和工具安全检查
□(3)能进行车辆安全防护操作
□(4)能进行工量具清洁、校准、存放操作
□(5)能进行三不落地操作</td><td>10</td><td>未完成 1 项扣 2 分，扣分不得超过 10 分</td><td>□熟练
□不熟练</td><td>□熟练
□不熟练</td><td>□合格
□不合格</td></tr>
<tr><td>2</td><td>专业技能能力</td><td>□(1)能正确进行锂离子单体蓄电池外观检查并判断是否有异常
□(2)能正确使用内阻测试仪并判断检测结果是否有异常
□(3)能够正确测量锂离子单体蓄电池并判断是否有异常</td><td>30</td><td>未完成 1 项扣 10 分，扣分不得超过 30 分</td><td>□熟练
□不熟练</td><td>□熟练
□不熟练</td><td>□合格
□不合格</td></tr>
<tr><td>3</td><td>工具及设备的使用能力</td><td>□(1)检查设置安全警示牌
□(2)检查灭火器压力、有效期
□(3)安装车辆挡块
□(4)能正确检查防护用具：绝缘手套、绝缘胶带、绝缘鞋、绝缘服
□(5)能正确检查拆装工具：新能源汽车专用拆装工具套装、扭矩扳手
□(6)能正确检查检测工具：万用表、兆欧表</td><td>20</td><td>未完成 1 项扣 2 分，扣分不得超过 20 分</td><td>□熟练
□不熟练</td><td>□熟练
□不熟练</td><td>□合格
□不合格</td></tr>
<tr><td>4</td><td>锂离子蓄电池单体检测</td><td>□(1)能正确准备锂离子单体蓄电池检测操作台并判断是否齐全
□(2)能正确连接内阻测试仪并判断有无异常
□(3)能正确对内阻测试仪进行短路清零并判断有无异常
□(4)能正确设置测量参数并判断有无异常
□(5)能正确进行锂离子单体蓄电池外观检查并判断有无异常
□(6)能正确进行锂离子单体蓄电池检测并判断检测结果有无异常
□(7)能正确测量各个锂离子单体蓄电池电压及内阻，并进行记录和判断</td><td>40</td><td>未完成 1 项扣 5 分，扣分不得超过 40 分</td><td>□熟练
□不熟练</td><td>□熟练
□不熟练</td><td>□合格
□不合格</td></tr>
<tr><td colspan="8">总分：</td></tr>
</table>

实训三　膜电极及单体蓄电池的制作和性能测试

实训目标

本实训的主要目标是通过进行氢气/氧气(空气)质子交换膜燃料电池(Proton exchange membrane fuel cell,PEMFC)关键组件膜电极(Membrane electrode assembly,MEA)的制备和单体蓄电池组装,并进行一体化燃料电池发电系统的实际操作,全面了解氢燃料电池的基本原理和制作过程及使用方法。

知识准备

参照后面的内容,并查阅实训车型的相关资料,完成以下各题。

(1)燃料电池装置从本质上说是__________的一个逆装置。

(2)单体燃料电池主要由四部分组成,即__________、__________、__________和外电路。

(3)膜电极由__________、__________、__________、__________和__________构成。

(4)燃料电池__________和__________之间由质子交换膜隔开。

(5)燃料电池的工作特性可以__________表示。

实训准备

本实训任务需准备的资源、要求及注意事项如下。

(1)资源:电化学工作站、万用表、镊子、电吹风、小扳手、烧杯、直尺、玻璃搅棒、烘箱、丙酮、无水乙醇、脱脂棉、去离子水。

(2)任务:依据实训流程,完成膜电极的制备和单体蓄电池组装,并进行一体化燃料电池发电系统的实际操作。

(3)要求:

①遵守实训车间纪律要求,听从实训教师的工作安排;

②严格按照实训学习页工艺流程进行操作,不可跨流程进行操作;

③时间:用时90min;

④方式:小组合作形式完成;

⑤作业:完成工作页及相关记录。

(4)注意事项:

①本实验中有氢气产生,实训室严禁明火,并保持良好通风;

②防止质子交换膜在操作过程中戳破。如果质子交换膜有破损则需重新更换;

③必须将催化剂浆料均匀涂覆于膜上(此时膜会发生卷曲),并及时吹干;

④安放碳纸时注意将碳纸准确放置在密封垫中空处,避免漏气;

⑤燃料电池装配时,螺钉拧紧力矩应均匀、对角交叉拧紧,以达最佳密封;

⑥利用一体化燃料电池系统示范时,严格禁止制氢装置中的水流入燃料电池,以免损坏燃料电池;

燃料电池是一种通过电化学反应,直接将化学能转变为低压直流电的装置,即通过燃料和氧化剂发生电化学反应产生直流电和水。燃料电池装置从本质上说是水电解的一个逆装置。在电解水的过程中,外加电源将水电解,产生氢和氧;而在燃料电池中,则是氢和氧通过电化学反应生成水,并释放出电能。燃料电池单体主要由四部分组成,即阳极、阴极、电解质(质子交换膜)和外电路。图 3-3-1 为组成燃料电池的基本单元的示意图。阳极为氢电极,阴极为氧电极,阳极和阴极上都含有一定量的催化剂,两极之间是固体电解质。

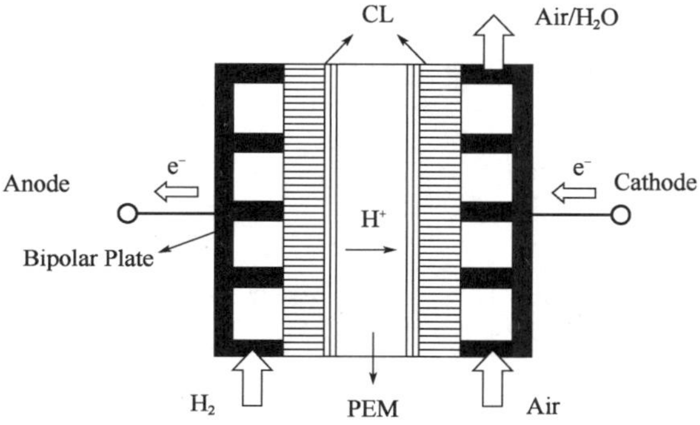

图 3-3-1 燃料电池工作原理图

Anode-阳极;Cathode-阴极;Bipolar Plate-双极板;CL-催化剂层;PEM-质子交换膜

工作原理为:氢气通过管道或导气板到达阳极,在阳极催化剂的作用下,氢气发生氧化,释放出电子。氢离子穿过电解质到达阴极,而在电池的另一端,氧气(由空气提供)通过管道或导气板到达阴极,同时,电子通过外电路也到达阴极。在阴极侧,氧气与氢离子和电子在阴极催化剂的作用下反应生成水。与此同时,电子在外电路的连接下形成电流,可以向负载输出电能。燃料电池总的化学反应如下式所示。

阳极氧化反应: $H_2 \rightarrow 2H^+ + 2e^-$

阴极还原反应: $O_2 + 4H^+ + 2e^- \rightarrow 2H_2O$

电池总反应: $2H_2 + O_2 \rightarrow 2H_2O$

燃料电池的膜电极如图 3-3-2 所示。由阳极碳纸(阳极气体扩散层)、阳极催化层、质子交换膜、阴极催化层和阴极碳纸(阴极气体扩散层)构成。其中碳纸作为气体扩散层,起到收集电流的作用。因为碳纸上的孔隙率比较大,一般在碳纸表面制备一层中间层来整平(在本实验中省略)。催化层的涂布分两种情况,一种是将催化剂涂覆在碳纸的中间层表面,另一种是直接将催化剂涂覆在膜的两侧。催化剂一般是粒径为 2~5nm(纳米)的 Pt 颗粒负载在粒径为

30nm 左右的碳粉上，与溶剂和 Nafion（全氟磺酸聚合物膜）等均匀混合配置成浆料，使用时直接涂覆。

燃料电池阳极和阴极之间由质子交换膜（如杜邦公司的 Nafion 膜）隔开。最常用的 Nafion212、Nafion115 和 Nafion117 等型号的膜外观为无色透明。由分子结构可看出，Nafion 膜是一种不交联的高分子聚合物，在微观上可以分成两部分：一部分是离子基团群，含有大量的磺酸基团，它既能提供游离的质子，又能吸引水分子；另一部分是憎水骨架，与聚四氟乙烯类似，具有良好的化学稳定性和热稳定。Nafion 系列膜具有体型网络结构，其中有很多微孔，孔径为纳米至微米级。

燃料电池的工作特性可以用图 3-3-3 所示的极化曲线表示。该图是典型的单电池的极化曲线，即电压电流曲线。一个单电池的开路电压可以在 1V 左右，但是在工作时电池的输出电压会明显降低，与工作电流有关。从图 3-3-3 的曲线可以看到，随着电流密度的加大，电压降低。然而，电池输出的功率在某一个电流密度下达到最大值。这表明燃料电池的工作特性与普通化学电池不同，其输出功率随负载变化。

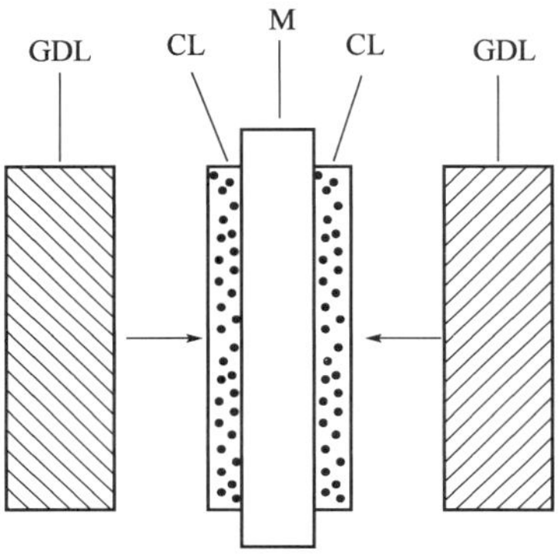

图 3-3-2　燃料电池膜电极结构
GDL-气体扩散层；CL-催化剂层；M-质子交换膜

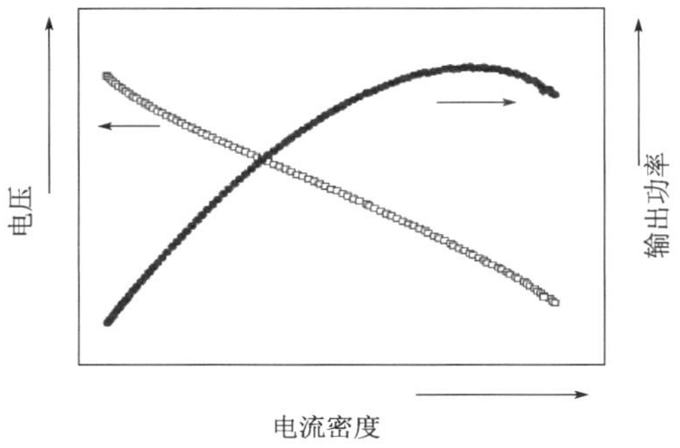

图 3-3-3　燃料电池的工作极化曲线

实训工单

进行膜电极及单体蓄电池的制作和性能测试时，请按照膜电极及单体蓄电池的制作和性能测试（工作页）（表 3-3-1）的提示完成实操并记录。

膜电极及单体蓄电池的制作和性能测试（工作页）　　表 3-3-1

膜电极及单体蓄电池的制作和性能测试		班级：	
		姓名：	
实训地点：		实训时间：	
1. 单体蓄电池各部件型号记录			
质子交换膜		气体扩散层	
催化剂层		双极板	

续上表

2. 作业场地准备		
项目		是否正常
检查设置隔离栏		□是　□否
检查设置安全警示牌		□是　□否
检查灭火器压力、有效期		□是　□否
3. 对仪器进行检查		
检查仪器名称		是否正常
电化学工作站		□是　□否
工具设备:万用表,镊子,电吹风,小扳手,烧杯,直尺,玻璃搅棒,烘箱		□是　□否
实训耗材:丙酮,无水乙醇,脱脂棉,去离子水		□是　□否
4. 膜电极、单体蓄电池的制作和性能测试		
实施步骤		是否完成
膜电极制备	(1)清洗涂膜夹具,用脱脂棉蘸无水乙醇将夹具及垫圈清洗干净	是□　否□
	(2)将质子交换膜装于夹具上。在底座上放上一块密封垫,然后放上质子交换膜,再放上一块密封垫。 注意:要先将质子交换膜两面的保护膜去掉,防止将催化剂涂在保护膜上	是□　否□
	(3)将夹具面板盖上,然后用螺钉将膜夹紧。将配好的催化剂浆料均匀涂在膜上。此时膜会发生卷曲,属正常现象,用电吹风机将浆料吹干	是□　否□
	(4)将膜从夹具上取下,将质子交换膜的反面用同法涂覆催化剂	是□　否□
燃料电池组装	(1)将四个螺钉装在有机玻璃的氢气侧端板上	是□　否□
	(2)装上一片密封垫	是□　否□
	(3)装上一块集流板	是□　否□
	(4)装上另一片密封垫	是□　否□
	(5)将一碳纸放在中间部位	是□　否□
	(6)将制备好的膜电极放在碳纸上,注意催化剂部分用碳纸覆盖	是□　否□
	(7)装上另外一片碳纸,同样使催化剂部分用碳纸覆盖	是□　否□
	(8)装上另一块集流板。注意此集流板的极耳和上一个集流板不在同一方向	是□　否□
	(9)装上氧气侧端板	是□　否□
	(10)用螺钉将电池锁紧,装上电极接头	是□　否□
一体化燃料电池发电系统安装试验	(1)将组装好的燃料电池放入发电装置中,并与电机连接	有□　否□
	(2)在制氢瓶中加入约2/3的去离子水,再加入复合含氢材料,充分溶解复合含氢材料,然后将盖旋紧	是□　否□
	(3)将氢气导管连到燃料电池的阳极	是□　否□
	(4)此时氢气产生,经导管进入燃料电池。燃料电池开始工作,可见小风扇转动	是□　否□
观察和测试	(1)用万用表检查燃料电池接触是否完好(不允许短路)	是□　否□
	(2)观察复合含氢材料溶解时的现象	是□　否□
	(3)风扇转动后测量燃料电池的电压、电流	是□　否□
	(4)测试燃料电池的工作极化曲线	是□　否□

续上表

实施步骤		是否完成
后处理	(1)将燃料电池与小风扇分离	是□ 否□
	(2)将制氢瓶中所剩溶液倒入废液收集桶	是□ 否□
	(3)打开燃料电池	是□ 否□
	(4)将碳纸和涂覆催化剂的质子交换膜统一回收	是□ 否□
	(5)用脱脂棉蘸乙醇清洗氧气/氢气端板、密封垫、集极流板以及涂膜夹具,将这些可重复利用的部件按要求放回原处	是□ 否□
回收	(1)催化剂回收:将涂覆催化剂的膜浸入乙醇中,催化剂层会溶解脱落。将收集的催化剂醇溶液适当蒸发至一定稠度,可重新使用	了解
	(2)膜回收:将去除催化剂的膜在去离子水中煮沸1h,然后放入去离子水中备用	
	(3)碳纸回收:将使用过的碳纸置于丙酮溶液中浸泡0.5h,然后用去离子水清洗,最后将碳纸置于烘箱内烘干备用	
5.7S管理		
建立安全操作环境		是□ 否□
清理及整理仪器、工具及耗材		是□ 否□
清理及复原电化学工作站正常状况		是□ 否□
清洗场地		是□ 否□
物品回收和环保		是□ 否□
完善和检查工作		是□ 否□
实训人(签字):		监督人(签字):

实训考核

学生完成膜电极及单体蓄电池实训任务后,由实训老师按表3-3-2考核评价内容对学生进行实训考核。

膜电极及单体蓄电池的制作和性能测试考核评分表 表3-3-2

膜电极及单体蓄电池的制作和性能测试				实习日期:			
姓名:		班级:		学号:		导师签名:	
自评:□熟练 □不熟练		互评:□熟练 □不熟练		师评:□合格 □不合格			
日期:		日期:		日期:			
评分细则							
序号	评分项	得分条件	分值	评分要求	自评	互评	师评
1	安全/7S/态度	□(1)能进行现场7S操作 □(2)能进行设备和工具安全检查 □(3)能进行安全防护操作 □(4)能进行工具清洁、校准、存放操作 □(5)能进行三不落地操作	10	未完成1项扣2分	□熟练 □不熟练	□熟练 □不熟练	□合格 □不合格

续上表

序号	评分项	得分条件	分值	评分要求	自评	互评	师评
2	膜电极制备	□(1)能正确安装密封垫 □(2)能正确安装质子交换膜 □(3)能正确涂覆催化剂层 □(4)能用螺钉将锁紧	20	未完成1项扣5分	□熟练 □不熟练	□熟练 □不熟练	□合格 □不合格
3	燃料电池组装	□(1)能正确安装密封垫 □(2)能正确安装集流板 □(3)能正确放置碳纸 □(4)能正确放置涂覆有催化剂的膜 □(5)能正确安装端板 □(6)能正确装上电极接头	30	未完成1项扣5分	□熟练 □不熟练	□熟练 □不熟练	□合格 □不合格
4	一体化燃料电池发电系统安装试验	□(1)能正确连接负载 □(2)能正确使用制氢装置 □(3)能使氢气正常流到燃料电池 □(4)能使负载正常工作	20	未完成1项扣5分	□熟练 □不熟练	□熟练 □不熟练	□合格 □不合格
5	观察和测试	□(1)能正确记录燃料电池电压和电流 □(2)能正确绘制燃料电池的极化曲线	10	未完成1项扣5分	□熟练 □不熟练	□熟练 □不熟练	□合格 □不合格
6	后处理	□(1)能正确进行拆卸 □(2)能正确进行回收	10	未完成1项扣5分	□熟练 □不熟练	□熟练 □不熟练	□合格 □不合格
总分：							

实训四　太阳能电池的光电特性测试

实训目标

本实训的主要目标是太阳能电池的光电特性测试。

实训准备

本实训任务需准备的资源、要求及注意事项如下。

(1)资源:实训台架、实训学习页、工作页、万用表、连接导线等;

(2)任务:依据实训工艺流程,完成太阳能电池光能量变换过程演示,并总结规律。

(3)要求:

①遵守实训车间纪律要求,听从实训教师的工作安排;

②严格按照实训学习页工艺流程进行操作,不可跨流程进行操作;

③时间:用时 45min;

④方式:小组合作形式完成;

⑤作业:完成工作页及相关记录。

注意事项:有通电需要时,应得到实训老师允许才可以进行。

太阳能电池光能量变换过程演示

(1)将演示板连接 12V 电源,如图 3-4-1 所示。

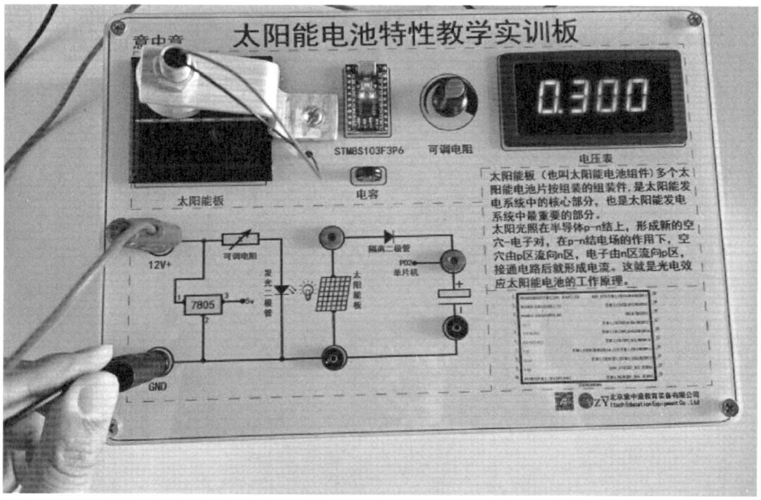

图 3-4-1　连接电源

(2)旋转可调电阻改变发光二极管亮度,如图 3-4-2 所示。

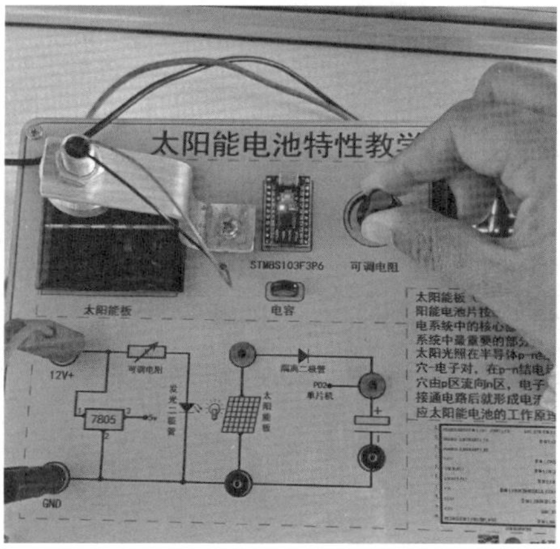

图 3-4-2　旋转可调电阻

(3)观察电压变化情况,如图 3-4-3 所示。

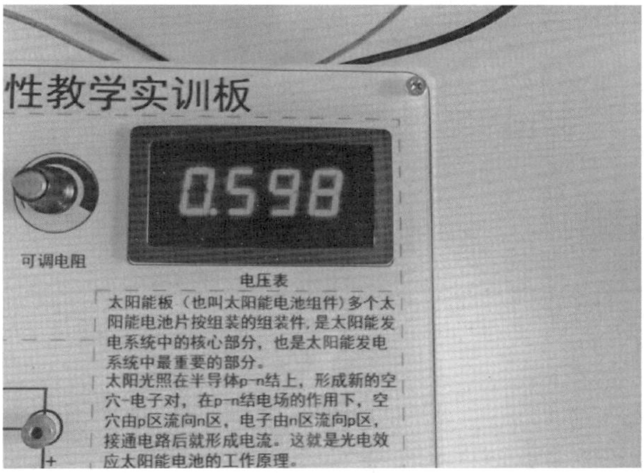

图 3-4-3　观察电压变化

实训工单

进行太阳能电池的光电特性测试时,请按照太阳能电池光能量变换过程演示(工作页)(表 3-4-1)的提示完成实操并记录。

太阳能电池光能量变换过程演示(工作页)　　表 3-4-1

太阳能电池光能量变换过程演示	班级:
	姓名:
实训地点:	实训时间:
1. 作业场地准备	
检查灭火器压力、有效期	□是　□否

续上表

2. 对仪器进行检查		
检查仪器名称		是否正常
连接工具：日光灯供电导线，测量导线		□是 □否
检测工具：万用表		□是 □否
3. 太阳能电池光能量变换过程演示		
实施步骤		是否正常
太阳能电池光能量变换过程演示	(1)连接发光二极管电源线和负极线	有□ 否□
	(2)电压表连接太阳能板正负极	有□ 无□
	(3)用可调电阻调节发光二极管电路	有□ 无□
	(4)观察发光二极管不同亮度下太阳能板的电压变化	
	实验结论	
4. 现场 7S 管理		
建立安全操作环境		是□ 否□
清理及整理工量具		是□ 否□
清洗场地		是□ 否□
物品回收和环保		是□ 否□
完善和检查工作		是□ 否□
实训人(签字)：	监督人(签字)：	

实训考核

学生完成太阳能电池的光电特性测试实训任务后，由实训老师按表 3-4-2 考核评价内容对学生进行实训考核。

太阳能电池光能量变换过程演示考核评分表 表 3-4-2

太阳能电池光能量变换过程演示				实训日期：			
姓名：		班级：		学号：		导师签名：	
自评：□熟练 □不熟练		互评：□熟练 □不熟练		师评：□合格 □不合格			
日期：		日期：		日期：			
评分细则							
序号	评分项	得分条件	分值	评分要求	自评	互评	师评
1	安全/7S/态度	□(1)能进行工位 7S 操作 □(2)能进行设备和工具安全检查 □(3)能进行实训台架锁定检查 □(4)能进行工具清洁、校准、存放操作 □(5)能进行三不落地操作	10	未完成 1 项扣 2 分，扣分不得超过 10 分	□熟练 □不熟练	□熟练 □不熟练	□合格 □不合格

续上表

序号	评分项	得分条件	分值	评分要求	自评	互评	师评
2	专业技能能力	□(1)能正确进行电源线连接 □(2)能正确使用数字万用表并判断是否有异常 □(3)调节发光二极管亮度,能够正确测量太阳能板的电压	30	未完成1项扣10分,扣分不得超过30分	□熟练 □不熟练	□熟练 □不熟练	□合格 □不合格
3	工具及设备的使用能力	□(1)检查连接导线是否正常 □(2)检查电源工作是否正常 □(3)能正确检查检测工具:万用表	20	未完成1项扣6分,扣分不得超过20分	□熟练 □不熟练	□熟练 □不熟练	□合格 □不合格
4	太阳能电池光能量变换过程演示	□(1)能正确准备太阳能操作台并判断是否齐全 □(2)能正确连接导线并判断有无异常 □(3)能正确旋转可变电阻改变发光二极管亮度 □(4)能正确讲解太阳能电池的工作原理 □(5)能正确分析演示的结果	40	未完成1项扣8分,扣分不得超过40分	□熟练 □不熟练	□熟练 □不熟练	□合格 □不合格
总分:							

实训五　超级电容充放电过程测试

实训目标

本实训的主要目标是超级电容充放电过程测试。

实训准备

本实训任务需准备的资源、要求及注意事项如下。

(1)资源:实训台架、实训学习页、工作页、万用表、连接导线等。

(2)任务:依据实训工艺流程,完成太阳能电池光能量变换过程演示,并总结规律。

(3)要求:

①遵守实训车间纪律要求,听从实训教师的工作安排;

②严格按照实训学习页工艺流程进行操作,不可跨工艺流程进行操作;

③时间:用时 45min;

④方式:小组合作形式完成;

⑤作业:完成工作页及相关记录。

注意事项:有通电需求时,应得到实训老师允许才可以进行。

超级电容充放电过程测试

(1)将实训板连接 12V 电源,如图 3-5-1 所示。

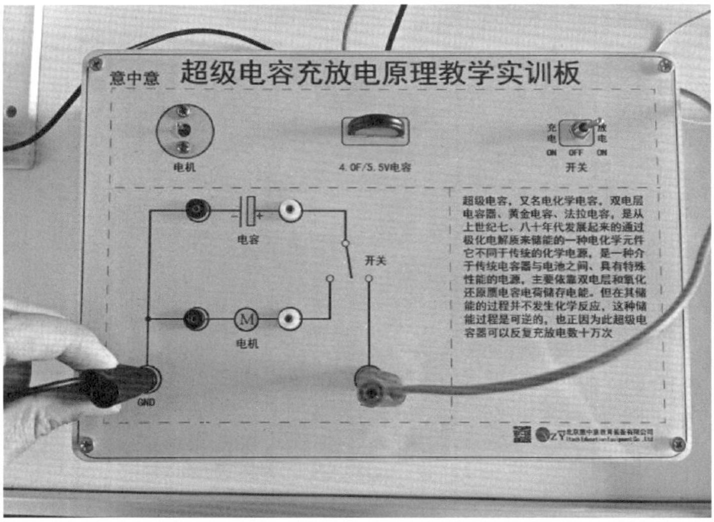

图 3-5-1　连接电源

(2)将电压表连接到超级电容两边,如图 3-5-2 所示。

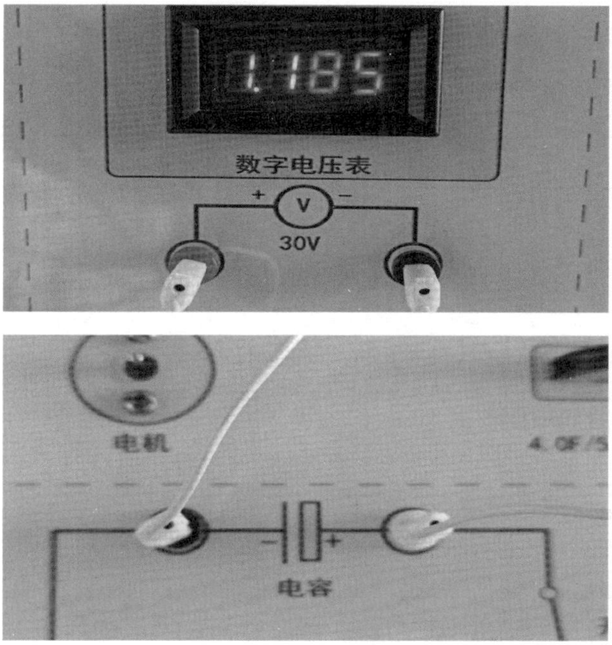

图 3-5-2　将电压表连接到超级电容两边

(3)按时间要求打开开关进行充放电并记录放电时间数据,打开充电后再打开放电,当电放完后记录放电时间,可通过超级电容两端电压确定放电是否完成。如图 3-5-3 所示。

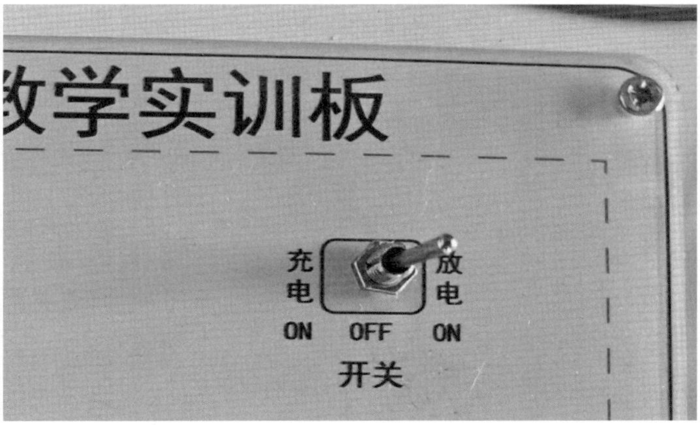

图 3-5-3　充放电开关

实训工单

进行超级电容充放电过程测试时,请按照超级电容充放电过程测试(工作页)(表 3-5-1)的提示完成实操并记录。

超级电容充放电过程测试(工作页)　　　　表 3-5-1

<table>
<tr><td colspan="4" rowspan="2">超级电容充放电过程测试</td><td colspan="3">班级：</td></tr>
<tr><td colspan="3">姓名：</td></tr>
<tr><td colspan="4">实训地点：</td><td colspan="3">实训时间：</td></tr>
<tr><td colspan="7">1. 作业场地准备</td></tr>
<tr><td colspan="6">项目</td><td>是否正常</td></tr>
<tr><td colspan="6">检查灭火器压力、有效期</td><td>□是　□否</td></tr>
<tr><td colspan="7">2. 对仪器进行检查</td></tr>
<tr><td colspan="6">检查仪器名称</td><td>是否正常</td></tr>
<tr><td colspan="6">连接工具：日光灯供电导线，测量导线</td><td>□是　□否</td></tr>
<tr><td colspan="6">检测工具：万用表</td><td>□是　□否</td></tr>
<tr><td colspan="7">3. 超级电容充放电过程演示</td></tr>
<tr><td colspan="6">实施步骤</td><td>是否正常</td></tr>
<tr><td rowspan="5">超级电容充放电过程测试</td><td colspan="5">(1)连接超级电容电源线和负极线</td><td>有□　否□</td></tr>
<tr><td colspan="5">(2)打开充电开关和放电开关记录数据</td><td>有□　无□</td></tr>
<tr><td>充电时间</td><td>5s</td><td>10s</td><td>15s</td><td>20s</td><td>25s</td></tr>
<tr><td>放电时间</td><td></td><td></td><td></td><td></td><td></td></tr>
<tr><td colspan="2">实验结论</td><td colspan="4"></td></tr>
<tr><td colspan="7">4. 现场 7S 管理</td></tr>
<tr><td colspan="5">建立安全操作环境</td><td colspan="2">是□　否□</td></tr>
<tr><td colspan="5">清理及整理工量具</td><td colspan="2">是□　否□</td></tr>
<tr><td colspan="5">清洗场地</td><td colspan="2">是□　否□</td></tr>
<tr><td colspan="5">物品回收和环保</td><td colspan="2">是□　否□</td></tr>
<tr><td colspan="5">完善和检查工作</td><td colspan="2">是□　否□</td></tr>
<tr><td colspan="4">实训人(签字)：</td><td colspan="3">监督人(签字)：</td></tr>
</table>

实训考核

学生完成超级电容充放电过程测试实训任务后，由实训老师按照表 3-5-2 考核评价内容对学生进行实训考核。

超级电容充放电过程测试考核评分表　　　　表 3-5-2

<table>
<tr><td colspan="3">超级电容充放电过程测试</td><td colspan="5">实训日期：</td></tr>
<tr><td colspan="2">姓名：</td><td>班级：</td><td colspan="2">学号：</td><td colspan="3" rowspan="3">导师签名：</td></tr>
<tr><td colspan="2">自评：□熟练　□不熟练</td><td>互评：□熟练　□不熟练</td><td colspan="2">师评：□合格　□不合格</td></tr>
<tr><td colspan="2">日期：</td><td>日期：</td><td colspan="2">日期：</td></tr>
<tr><td colspan="8">评分细则</td></tr>
<tr><td>序号</td><td>评分项</td><td>得分条件</td><td>分值</td><td>评分要求</td><td>自评</td><td>互评</td><td>师评</td></tr>
<tr><td>1</td><td>安全/7S/态度</td><td>□(1)能进行工位 7S 操作
□(2)能进行设备和工具安全检查
□(3)能进行实训台架锁定检查
□(4)能进行工量具清洁、校准、存放操作
□(5)能进行三不落地操作</td><td>10</td><td>未完成 1 项扣 2 分，扣分不得超过 10 分</td><td>□熟练
□不熟练</td><td>□熟练
□不熟练</td><td>□合格
□不合格</td></tr>
<tr><td>2</td><td>专业技能能力</td><td>□(1)能正确进行电源线连接
□(2)能正确使用数字万用表并判断是否有异常
□(3)能够正确对超级电容进行充放电</td><td>30</td><td>未完成 1 项扣 10 分，扣分不得超过 30 分</td><td>□熟练
□不熟练</td><td>□熟练
□不熟练</td><td>□合格
□不合格</td></tr>
<tr><td>3</td><td>工具及设备的使用能力</td><td>□(1)检查连接导线是否正常
□(2)检查电源工作是否正常
□(3)能正确检查检测工具：万用表</td><td>20</td><td>未完成 1 项扣 6 分，扣分不得超过 20 分</td><td>□熟练
□不熟练</td><td>□熟练
□不熟练</td><td>□合格
□不合格</td></tr>
<tr><td>4</td><td>太阳能电池光能量变换过程测试</td><td>□(1)能正确准备超级电容充放电操作台并判断是否齐全
□(2)能正确连接导线并判断有无异常
□(3)能正确操作超级电容充放电
□(4)能正确讲解超级电容的工作原理
□(5)能正确记录放电时间</td><td>40</td><td>未完成 1 项扣 8 分，扣分不得超过 40 分</td><td>□熟练
□不熟练</td><td>□熟练
□不熟练</td><td>□合格
□不合格</td></tr>
<tr><td colspan="8">总分：</td></tr>
</table>

项目四 动力蓄电池系统的使用

实训 动力蓄电池的数据流读取

知识准备

参照后面的内容,并查阅实训车型的相关资料,完成以下各题。

(1)实训车辆品牌是__________。

(2)实训车辆 VIN 码为__________。

(3)实训车辆使用__________锂离子蓄电池。

(4)实训车辆的蓄电池包容量__________ A·h,额定电压__________ V。

实训准备

本实训任务需准备的资源、要求及注意事项如下。

(1)资源:实训车辆(本次实训采用的实训车型是__________品牌__________型号__________款)、实训台架、三件套、五件套、万用表、绝缘表、安全帽、护目镜、绝缘手套、绝缘鞋、绝缘垫、警示牌、灭火器、医药箱、车轮挡块、实训学习页、工作页、兆欧表、诊断仪、防护用品、常用工具、专用工具等。

(2)任务:依据实训工艺流程、实训指导手册、工作页等,完成对动力蓄电池的检查与维护,完成对动力蓄电池数据流的读取与分析。

(3)要求:

①遵守实训车间纪律要求,听从实训教师的工作安排;

②严格按照实训指导手册和学习页中的工艺流程进行操作,不可跨组、跨流程进行操作;

③时间:用时 90min;

④方式:小组合作形式完成;

⑤作业:完成工作页的填写及相关数据的记录。

注意事项:

(1)设施设备等橙色部件及高压警示的部件为高压部件,触碰高压部件之间必须完成断电且做好自身安全防护;

(2)需要通电前应得到实训老师允许才可以进行。

读取动力蓄电池数据流

(1)按压诊断仪电源键,打开诊断仪,如图 4-1-1 所示。

图 4-1-1　诊断仪电源开关

(2)连接适配器、诊断线和诊断插头,确保诊断仪连接可靠,如图 4-1-2 所示。

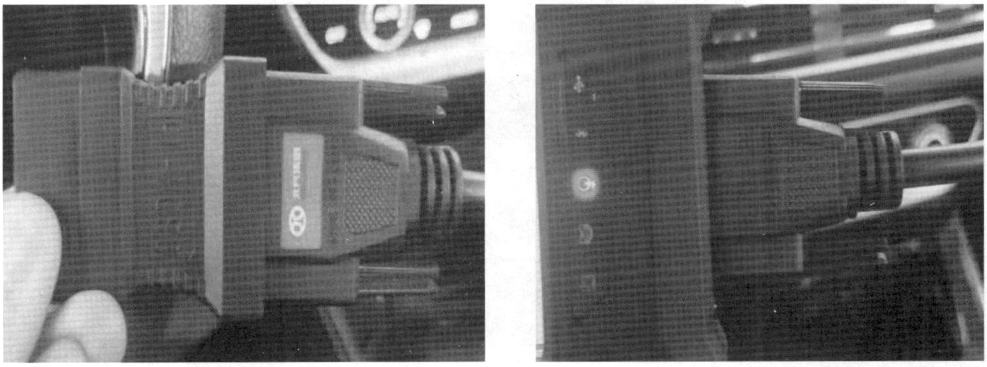

图 4-1-2　诊断仪连接插头

(3)关闭启动开关,将诊断头连接到诊断仪接口上后(图 4-1-3),按下起动按钮,全车上电。

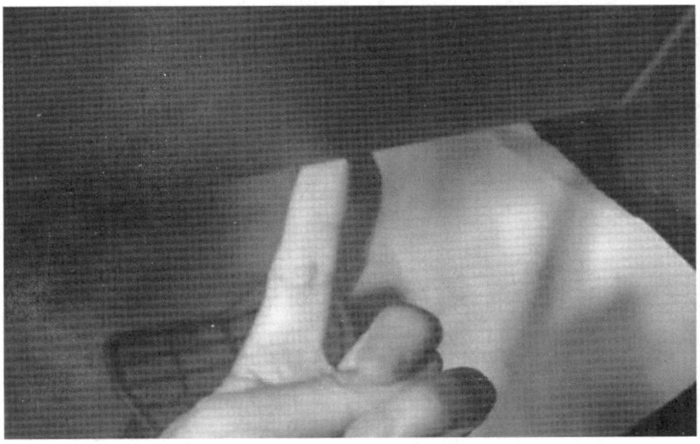

图 4-1-3　诊断头连接位置

(4)点击诊断仪中北汽集团诊断仪标识,如图 4-1-4 所示,启动诊断软件。

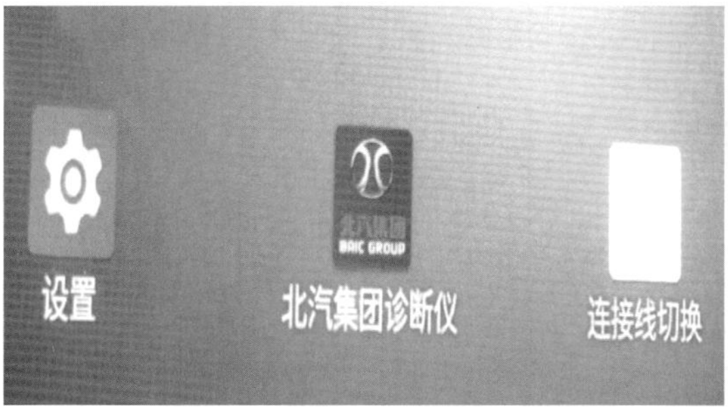

图 4-1-4　诊断仪图标

(5)选择新能源车-BEIJING 品牌菜单按钮,如图 4-1-5 所示。

图 4-1-5　品牌图标

(6)选择车型 EU7,选择 EU7 基础款,选择手动选择功能,如图 4-1-6 所示。

图 4-1-6　选项流程图

(7)选择动力蓄电池系统(BMS),选择故障码选项,选择读取当前故障码,如图 4-1-7 所示,之后,清除故障码。

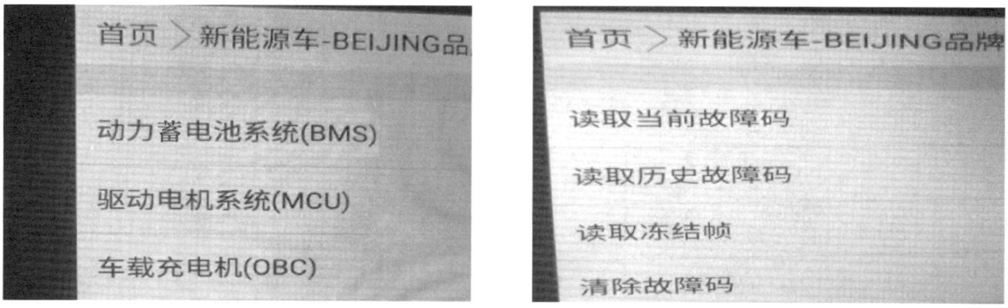

图 4-1-7　选项流程图

(8)点击读取实时数据,左上角点击全部数据流,右下角点击确认,如图 4-1-8 所示,之后,读取相应的数据。

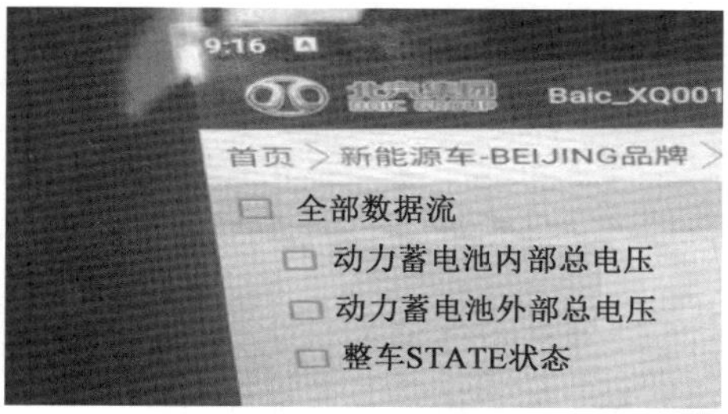

图 4-1-8　选项流程图

(9)读取单体蓄电池最高温度、单体蓄电池最低温度、温度最高单体蓄电池序号、温度最低单体蓄电池序号、蓄电池的 SOC 值,如图 4-1-9 所示。

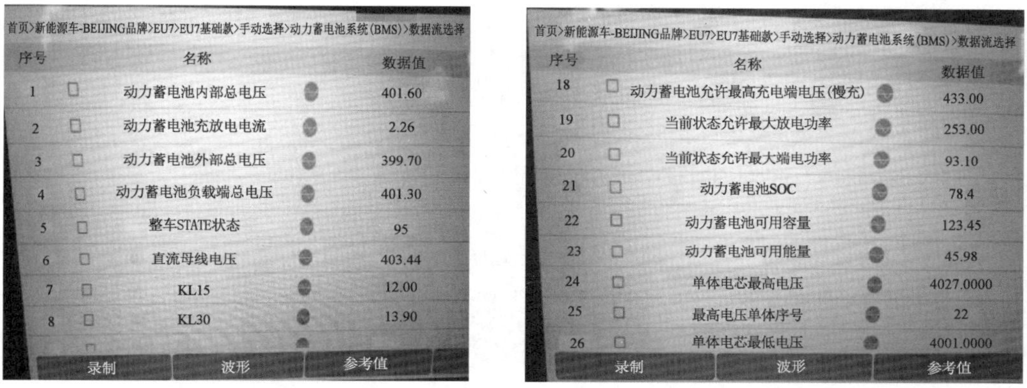

图 4-1-9　数据流读取界面

(10)翻页读取相关、需要的其他数据流。

(11)逐页返回,退出诊断程序,按压诊断仪电源键,关闭诊断仪。

实训工单

进行动力蓄电池数据流读取时,请按照动力蓄电池数据流读取(工作页)(表 4-1-1)的提示完成实操并记录。

动力蓄电池数据流读取(工作页)　　表 4-1-1

动力蓄电池数据流读取		班级:	
		姓名:	
实训地点:		实训时间:	
1. 车辆信息记录			
品牌		整车型号	
生产年月		车辆识别码	

续上表

2. 作业场地准备		
项目		是否正常
检查设置隔离栏		□是　□否
检查设置安全警示牌		□是　□否
检查灭火器压力、有效期		□是　□否
3. 对仪器进行检查		
检查仪器名称		是否正常
防护用具:绝缘手套、绝缘胶带、绝缘鞋、绝缘服、车辆防护用具、室内五件套		□是　□否
拆装工具:新能源汽车专用拆装工具套装、旋具		□是　□否
检测工具:万用表、兆欧表、诊断仪		□是　□否
4. 动力蓄电池数据流读取		
实施步骤		是否完成
动力蓄电池数据流读取	(1)拿出诊断仪,按压诊断仪电源键,打开诊断仪	是□　否□
	(2)连接适配器、诊断线和诊断接头,确保三者连接可靠	是□　无□
	(3)关闭点火开关,将诊断头连接到诊断接口上	是□　无□
	(4)诊断仪开机后,点击诊断仪中北汽集团诊断仪标识,启动诊断软件	是□　否□
	(5)选择新能源—BEIJING 品牌菜单按钮	是□　否□
	(6)选择车型 EU7——选择 EU7 基础版——选择手动功能	是□　否□
	(7)选择动力蓄电池系统(BMS)——选择故障码选项——选择当前故障码	是□　否□
	(8)点击读取实时数据——左上角点击全部数据流——右下角点击确认,读取相应的数据	是□　否□
	(9)读取单体蓄电池最高温度、单体蓄电池最低温度、温度最高单体蓄电池序号、温度最低单体蓄电池序号、蓄电池的 SOC 值	是□　否□
	(10)翻页读取相关的其他数据流	是□　否□
	(11)逐页返回,退出诊断程序,按压电源键,关闭诊断仪	是□　否□
	(12)关闭点火开关,取下诊断头和适配器	是□　否□
蓄电池系统故障码	故障现象:	
	故障原因分析:	
5. 现场 7S 管理		
建立安全操作环境		是□　否□
清理及整理工量具		是□　否□
清理及复原车辆正常状况		是□　否□
清洗场地		是□　否□
物品回收和环保		是□　否□
完善和检查工作		是□　否□
实训人(签字):	监督人(签字):	

实训考核

学生完成动力蓄电池的数据流读取实训任务后，由实训老师按表 4-1-2 考核评价内容对学生进行实训考核。

动力蓄电池数据流读取考核评分表

表 4-1-2

<table>
<tr><td colspan="4">动力蓄电池数据流读取</td><td colspan="4">实习日期：</td></tr>
<tr><td colspan="2">姓名：</td><td colspan="2">班级：</td><td colspan="2">学号：</td><td colspan="2" rowspan="3">导师签名：</td></tr>
<tr><td colspan="2">自评：□熟练　□不熟练</td><td colspan="2">互评：□熟练　□不熟练</td><td colspan="2">师评：□合格　□不合格</td></tr>
<tr><td colspan="2">日期：</td><td colspan="2">日期：</td><td colspan="2">日期：</td></tr>
<tr><td colspan="8">评分细则</td></tr>
<tr><td>序号</td><td>评分项</td><td>得分条件</td><td>分值</td><td>评分要求</td><td>自评</td><td>互评</td><td>师评</td></tr>
<tr><td>1</td><td>安全/7S/态度</td><td>□(1)能进行工位 7S 操作
□(2)能进行设备和工具安全检查
□(3)能进行车辆安全防护操作
□(4)能进行工具清洁、校准、存放操作
□(5)能进行三不落地操作</td><td>10</td><td>未完成 1 项扣 2 分，扣分不得超过 10 分</td><td>□熟练
□不熟练</td><td>□熟练
□不熟练</td><td>□合格
□不合格</td></tr>
<tr><td>2</td><td>专业技能能力</td><td>□(1)能正确进行故障诊断仪的安装连接
□(2)能正确使用诊断仪进行数据流的读取
□(3)能结合读取的数据流，分析电池系统的性能</td><td>30</td><td>未完成 1 项扣 10 分，扣分不得超过 30 分</td><td>□熟练
□不熟练</td><td>□熟练
□不熟练</td><td>□合格
□不合格</td></tr>
<tr><td>3</td><td>工具及设备的使用能力</td><td>□(1)检查设置安全警示牌
□(2)检查灭火器压力、有效期
□(3)安装车辆挡块
□(4)正确使用举升机
□(5)能正确检查防护用具：绝缘手套、绝缘胶带、绝缘鞋、绝缘服、车辆防护用具
□(6)能正确检查拆装工具：新能源专用拆装工具套装、扭力扳手
□(7)能正确检查检测工具：故障诊断仪</td><td>10</td><td>未完成 1 项扣 2 分，扣分不得超过 10 分</td><td>□熟练
□不熟练</td><td>□熟练
□不熟练</td><td>□合格
□不合格</td></tr>
</table>

续上表

序号	评分项	得分条件	分值	评分要求	自评	互评	师评
4	动力蓄电池数据流读取	□(1)能找到诊断接口,接上诊断数据线和诊断仪 □(2)能正确对 VDS2100 进行开机关机操作 □(3)能正确识别汽车诊断系统中的诊断图标 □(4)能正确选择乘用车图标 □(5)能正确选择车辆系列。EV 系列还是 DM 系列 □(6)能正确选择车型,比亚迪秦、宋、元、汉等 □(7)能正确选择车辆的年款和具体车型(哪个版本) □(8)能正确选择 ECU 模块,进行全车扫描 □(9)能正确选择树状图标,选择诊断 □(10)能正确点击动力网小图标,找到蓄电池管理系统,点击蓄电池管理系统右侧小箭头 □(11)能正确选择数据流图标 □(12)结合实训教室需求,读取相应的数据流	50	未完成 1 项扣 5 分,扣分不得超过 50 分	□熟练 □不熟练	□熟练 □不熟练	□合格 □不合格
总分:							

项目五　动力蓄电池充电系统的使用与维护

实训　充电设备的检查与维护

实训目标

本实训的主要目标是充电口、慢充口的检查,充电操作与故障排除。

知识准备

参照后面的内容,并查阅实训车型的相关资料,完成以下各题。

(1)指出慢充口的充电路径:__________→__________→__________→__________→__________。

(2)指出快充口的充电路径:__________→__________→__________→__________。

(3)在车上找到慢充口,它的位置在__________。观察慢充口端子,共有__________个端子。

(4)在车上找到快充口,它的位置在__________。观察快充口端子,共有__________个端子。

(5)用交流充电桩慢充线给车辆充电时,应先连接__________端,再连接__________端;充电结束后,应先断开__________端,再断开__________端。

实训准备

本实训任务需准备的资源、要求及注意事项如下。

(1)资源:实训车辆(本次实训采用的实训车型是__________)、保洁三件套、五件套、万用表、绝缘手套、绝缘鞋、绝缘垫、实训学习页、工作页、万用表、兆欧表、诊断仪、防护用品、专用工具等。

(2)任务:依据实训工艺流程,完成对充电设备的检查与维护。

(3)要求:

①遵守实训车间纪律要求,听从实训教师的工作安排;

②严格按照实训学习页上的工艺流程进行操作,不可跨工艺流程进行操作;

③时间:用时90min;

④方式:小组合作形式完成;

⑤作业:完成工作页及相关记录。

注意事项：

(1)设施设备等橙色部件及高压警示的部件为高压部件，触碰高压部件之前必须完成断电操作及自身安全防护；

(2)有通电要求前应得到实训老师允许才可以进行。

一、快充口的检查与维护

打开快充接口后，可以看到是9孔接口，其端子布置形式如图5-1-1所示。快充接口严格执行国家标准《电动汽车传导充电用连接装置　第2部分：交流充电接口》(GB/T 20234.2—2015)的规定，快充接口的额定电压、电流见表5-1-1；快充接口各端子功能见表5-1-2。快充接口检查与维护内容见表5-1-3。

快速充电装置介绍

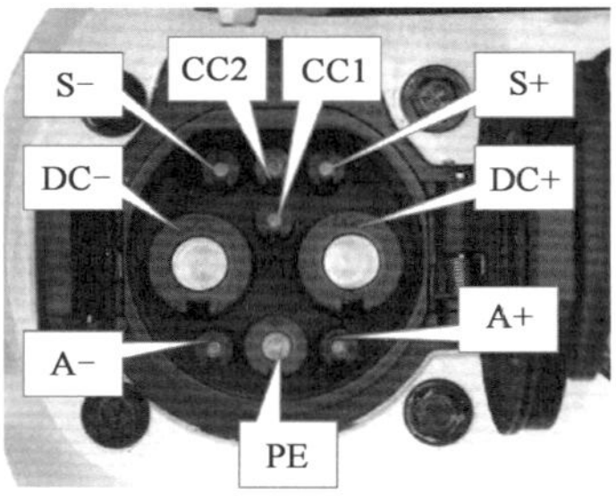

图5-1-1　快充接口布置形式

快充接口的额定值　　表5-1-1

额定电压(V)	额定电流(A)
750	125
	250

快充接口各端子功能　　表5-1-2

端子标识	端子功能	端子标识	端子功能
DC +	直流电源正极	CC1	充电连接确认1
DC −	直流电源负极	CC2	充电连接确认2
PE	车身接地(搭铁)	A +	低压辅助电源正极
S +	充电通信CAN-H	A −	低压辅助电源负极
S −	充电通信CAN-L		

快充接口检查与维护内容　　表5-1-3

检查项目	技术规范及要求
充电口外观检查	检查充电口各连接端子有无损坏，检查快充口有无烧蚀和锈蚀现象，确保快充口干燥且无异物
快充端子PE检查	用万用表测量端子PE与车身搭铁之间的电阻，应小于1Ω，若不符，应更换快充线束

续上表

检查项目	技术规范及要求
快充端子 DC +、DC - 绝缘电阻检测	用绝缘表分别测量端子 DC +、DC - 与壳体之间的绝缘电阻,标准值为 500MΩ
快充端子 CC1 与 PE 之间电阻检测	用外用表测量端子 CC1 与 PE 之间电阻,标准值为 1000Ω,若不符,应更换快充线束

二、慢充口的检查与维护

打开慢充接口盖后,可以看到是 7 孔接口,其连接端子的布置形式如图 5-1-2 所示。慢充接口严格执行国家标准《电动汽车传导充电用连接装置　第 2 部分:交流充电接口》(GB/T 20234.2—2015)的规定,慢充接口额定电压、电流见表 5-1-4;慢充接口各端子功能见表 5-1-5。

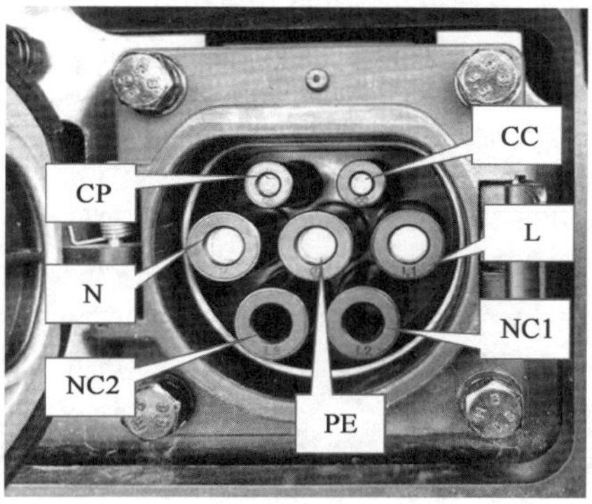

图 5-1-2　慢充接口端子布置形式

慢速充电装置介绍

慢充接口的额定值　　表 5-1-4

额定电压(V)	额定电流(A)
250	16
	32

慢充接口各端子功能　　表 5-1-5

端子标识	端子功能	端子标识	端子功能
L	交流电源正极	PE	车身接地(搭铁)
NC1	备用端子 1	CC	充电连接确认
NC2	备用端子 2	CP	控制连接确认
N	交流电源(零线)		

三、交流充电桩慢充线的检查与维护

充电口检查、随车充电器的运用

交流充电桩慢充线一般由车辆自带,有 16A 和 32A 两种。一端是用来连接车辆上的慢充口;一端是用来连接充电桩接口,如图 5-1-3 所示。

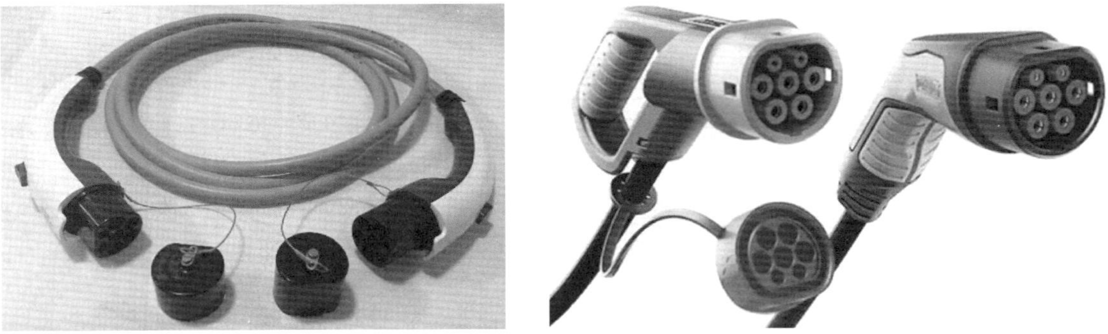

图 5-1-3　交流充电桩用慢充线

交流充电桩用慢充线检测与维护内容见表 5-1-6。

交流充电桩用慢充线检查与维护内容　　表 5-1-6

检查项目	技术规范及要求
交流慢充桩用慢充线外观检查	检查外观有无破损、老化、裂纹
交流慢充线导通情况检查	用万用表分别检测交流慢充线两端子(充电枪各端子 L-L、PE-PE、NC1-NC1、NC2-NC2、CC-CC、CP-CP、N-N)之间的电阻,应小于 1Ω
交流充电桩用慢充线端子 CC 和 PE 之间电阻检测	用外用表检测测端子 CC 和 PE 之间的电阻,标准为:16A 慢充线 680Ω,32A 慢充线 220Ω

四、家用交流慢充线的检查与维护

家用交流慢充线用于连接三相插头和纯电动汽车慢充口进行充电,慢充线上设计有控制盒、三相插头及交流充电枪,如图 5-1-4 所示。

家用交流慢充线的检查与维护内容见表 5-1-7。

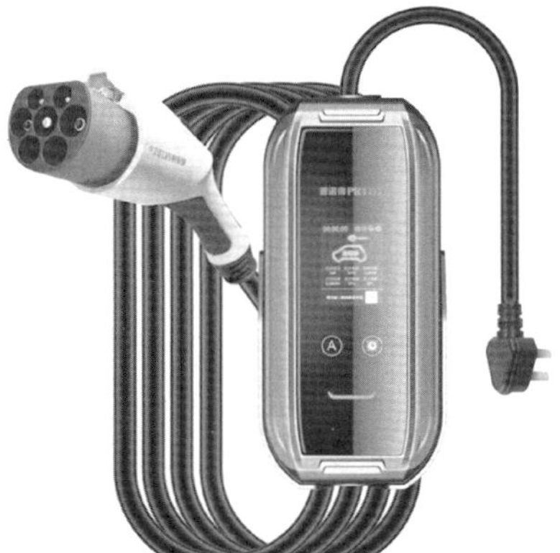

图 5-1-4　家用交流慢充线

家用交流慢充线检查与维护内容　　表 5-1-7

检查项目	技术规范及要求
家用交流慢充线外观检查	检查慢充线外观有无破损、老化、裂痕
家用交流慢充线导通情况检查	进行通电测试,通过观察控制盒指示灯工作情况,检测慢充线是否导通

实训工单

进行充电设备的检查与维护时，请按照充电设备的检查与维护（工作页）（表 5-1-8）的提示完成实操并记录。

充电设备的检查与维护（工作页）　　表 5-1-8

充电设备的检查与维护		班级：		
		姓名：		
实训地点：		实训时间：		
1. 车辆信息记录				
品牌		整车型号		
生产年月		车辆识别码		
2. 作业场地准备				
项目				是否正常
检查设置隔离栏				□是　□否
检查设置安全警示牌				□是　□否
检查灭火器压力、有效期				□是　□否
3. 对仪器进行检查				
检查仪器名称				是否正常
防护用具：绝缘手套、绝缘胶带、绝缘鞋、绝缘服、车辆防护用具				□是　□否
拆装工具：新能源汽车专用拆装工具套装、旋具				□是　□否
检测工具：万用表、兆欧表				□是　□否
4. 充电设备的检查与维护				
实施步骤				是否正常
快充接口的检查与维护	（1）充电接口各端子有无损坏			有□　否□
	（2）充电接口是否干燥无异物			有□　无□
	（3）充电接口有无烧蚀和锈蚀现象			有□　无□
	（4）充电接口端子 DC＋、DC－绝缘电阻检测			
	端子、测量孔名称	测量值	标准值	是否正常
	DC＋与壳体绝缘电阻			是□　否□
	DC－与壳体绝缘电阻			是□　否□
	（5）直流快充端子 CC1 与 PE 端之间电阻测量			
	端子、测量孔名称	测量值	标准值	是否正常
	快充接口 CC1 与 PE 端电阻			是□　否□
交流充电桩用慢充线的检查与维护	（1）检查慢充线外观有无破损、老化、裂纹			有□　否□
	（2）用万用表测量慢充线两端各端子			
	端子、测量孔名称	测量值	标准值	是否正常
	慢充线束 L—L 间电阻			是□　否□

续上表

<table>
<tr><td rowspan="10">交流充电桩用慢充线的检查与维护</td><td>端子、测量孔名称</td><td>测量值</td><td>标准值</td><td>是否正常</td></tr>
<tr><td>慢充线束 PE—PE 间电阻</td><td></td><td></td><td>是□　否□</td></tr>
<tr><td>慢充线束 NC1—NC1 间电阻</td><td></td><td></td><td>是□　否□</td></tr>
<tr><td>慢充线束 NC2—NC2 间电阻</td><td></td><td></td><td>是□　否□</td></tr>
<tr><td>慢充线束 CC—CC 间电阻</td><td></td><td></td><td>是□　否□</td></tr>
<tr><td>慢充线束 CP—CP 间电阻</td><td></td><td></td><td>是□　否□</td></tr>
<tr><td colspan="4">(3)用万用表测量 CC 与 PE 端之间的电阻</td></tr>
<tr><td>端子、测量孔名称</td><td>测量值</td><td>标准值</td><td>是否正常</td></tr>
<tr><td>慢充线束 CC 与 PE 端间电阻</td><td></td><td></td><td>是□　否□</td></tr>
<tr><td colspan="4"></td></tr>
<tr><td rowspan="5">用交流慢充线给实车进行充电</td><td colspan="3">(1)打开充电盖板和充电插座防尘盖</td><td></td></tr>
<tr><td colspan="3">(2)将供电端(桩端)充电枪与充电桩上的充电插座良好连接</td><td></td></tr>
<tr><td colspan="3">(3)将车端充电枪与车身上的充电座良好连接</td><td></td></tr>
<tr><td colspan="3">(4)充电结束后,先将车端充电枪拔出,再拔出供电端充电枪</td><td></td></tr>
<tr><td colspan="3">(5)盖好供电端充电枪和车端充电枪的防尘盖</td><td></td></tr>
<tr><td rowspan="4">充电系统故障排除</td><td colspan="4">故障现象:</td></tr>
<tr><td colspan="4">故障原因分析:</td></tr>
<tr><td colspan="4">故障排除步骤:</td></tr>
<tr><td colspan="4">总结:</td></tr>
<tr><td colspan="5">5. 现场 7S 管理</td></tr>
<tr><td colspan="4">建立安全操作环境</td><td>是□　否□</td></tr>
<tr><td colspan="4">清理及整理工量具</td><td>是□　否□</td></tr>
<tr><td colspan="4">清理及复原车辆正常状况</td><td>是□　否□</td></tr>
<tr><td colspan="4">清洗场地</td><td>是□　否□</td></tr>
<tr><td colspan="4">物品回收和环保</td><td>是□　否□</td></tr>
<tr><td colspan="4">完善和检查工作</td><td>是□　否□</td></tr>
<tr><td colspan="2">实训人(签字):</td><td colspan="3">监督人(签字):</td></tr>
</table>

实训考核

学生完成充电设备的检查与维护实训任务后,由实训老师按表 5-1-9 考核评价内容对学生进行实训考核。

充电设备的检查与维护考核评分表　　表 5-1-9

充电设备的检查与维护			实习日期：			
姓名：	班级：		学号：		导师签名：	
自评：□熟练　□不熟练	互评：□熟练　□不熟练		师评：□合格　□不合格			
日期：	日期：		日期：			

评分细则

序号	评分项	得分条件	分值	评分要求	自评	互评	师评
1	安全/7S/态度	□(1)能进行工位7S操作 □(2)能进行设备和工具安全检查 □(3)能进行车辆安全防护操作 □(4)能进行工具和量具的清洁、校准、存放操作 □(5)能进行三不落地操作	10	未完成1项扣2分，扣分不得超过10分	□熟练 □不熟练	□熟练 □不熟练	□合格 □不合格
2	专业技能能力	□(1)能正确进行快充接口的检查与维护 □(2)能正确进行交流充电桩用慢充线的检查与维护 □(3)能用交流慢充线给实车进行充电 □(4)能够排除充电系统故障	30	未完成1项扣10分，扣分不得超过30分	□熟练 □不熟练	□熟练 □不熟练	□合格 □不合格
3	工具及设备的使用能力	□(1)检查设置安全警示牌 □(2)检查灭火器压力、有效期 □(3)安装车辆挡块 □(4)能正确检查防护用具：绝缘手套、绝缘胶带、绝缘鞋、绝缘服、车辆防护用具 □(5)能正确检查拆装工具：新能源汽车专用拆装工具套装、扭矩扳手 □(6)能正确检查检测工具：万用表、兆欧表	10	未完成1项扣2分，扣分不得超过10分	□熟练 □不熟练	□熟练 □不熟练	□合格 □不合格
4	快充接口的检查与维护	□(1)能正确查找到快充接口 □(2)能正确测量DC+与壳体、DC-与壳体之间的绝缘电阻，并进行记录和判断 □(3)能正确测量CC1与PE端之间电阻，并进行记录和判断	15	未完成1项扣5分，扣分不得超过15分	□熟练 □不熟练	□熟练 □不熟练	□合格 □不合格
5	交流充电桩用慢充线的检查	□(1)能进行慢充线束外观检查 □(2)能正确测量慢充线两端充电枪各端子，并进行记录和判断 □(3)能正确测量充电枪CC与PE端之间电阻，并进行记录和判断	20	未完成1项扣5分，扣分不得超过20分	□熟练 □不熟练	□熟练 □不熟练	□合格 □不合格

续上表

序号	评分项	得分条件	分值	评分要求	自评	互评	师评
6	用交流慢充线给实车进行充电	□(1)能打开充电盖板和充电插座防尘盖 □(2)能正确连接充电抢与车辆 □(3)能正确拆除充电抢与车辆	15	未完成1项扣5分,扣分不得超过15分	□熟练 □不熟练	□熟练 □不熟练	□合格 □不合格
总分:							

项目六　动力蓄电池的维护与故障检测

实训　动力蓄电池的拆装与检测

实训目标

本实训的主要目标是对动力蓄电池进行拆装及参数进行检测。

知识准备

请预习后面的内容,完成下列填空题。

(1)维修人员对新能源汽车进行高压系统检修时,必须佩戴相应的防护用品:__________、__________、__________,并使用高压绝缘工具。

(2)拆卸维修高压部件时,首先断开低压蓄电池负极,等待__________ min,对该部件进行放电。

(3)使用万用表对放电后的高压部件进行电压测量,确保直流电压在__________ V 以下,方可确认放电结束。

(4)在醒目处放置警示牌,并将作业场地用__________隔离开来,防止无关人员进入。

(5)动力蓄电池箱体固定螺栓的紧固力矩是__________ N·m。

实训准备

本实训任务需准备的资源、要求及注意事项如下。

(1)资源:实训车辆(本次实训采用的车型是__________)、警示牌、三件套、五件套、绝缘手套(绝缘等级为 1000V/300A 以上)、皮手套、绝缘鞋、防护眼镜、绝缘帽、绝缘表、绝缘工具、实训学习页、工作页、万用表、诊断仪、专用工具等。

(2)任务:依据实训工艺流程,完成动力蓄电池的拆装与检测。

(3)要求:

①遵守实训车间纪律要求,听从实训教师的工作安排;

②严格按照实训学习页工艺流程进行操作,不可跨流程进行操作;

③时间:用时 90min;

④方式:小组合作形式完成;

⑤作业:完成工作页及相关记录。

注意事项：

(1)设施设备等橙色部件及高压警示的部件为高压部件，触碰高压部件之前必须完成断电及自身安全防护；

(2)有通电需求前应得到实训老师允许才可以进行。

一、拆装与检测前的准备

新能源汽车相对于传统燃油汽车增加了高压安全部件，在维修高压部件时必须佩戴相应的高压安全防护用具，必须严格按照高压安全操作规范执行。

动力蓄电池总成拆解及检查

1. 必备的防护用品

维修人员进行高压系统检修时，必须佩戴相应的防护用品：高压绝缘手套、绝缘靴、护目镜，并使用高压绝缘工具。具体的防护用品见表6-1-1。

防护用品　　表6-1-1

防护用品名称及图示		用途描述
警示牌		在地面或车辆附近明显位置放置
绝缘手套（绝缘等级为1000V/300A以上）	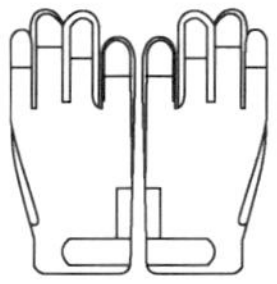	拆除及安装高压部件使用
皮手套		拆除及安装高压部件使用（保护绝缘手套）
绝缘鞋		拆除及安装高压部件使用
防护眼镜	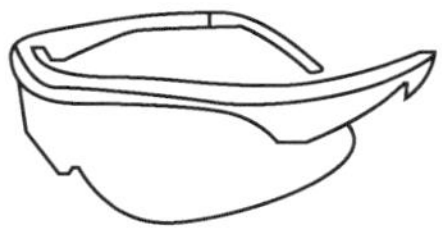	拆除及安装高压部件使用

续上表

防护用品名称		用途描述
绝缘帽	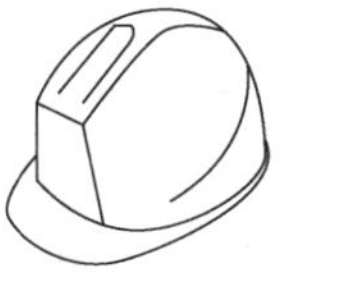	拆除及安装高压部件使用
绝缘表	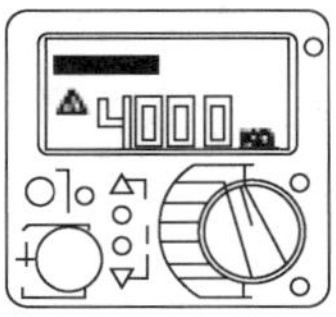	测试高压部件绝缘阻值
绝缘工具	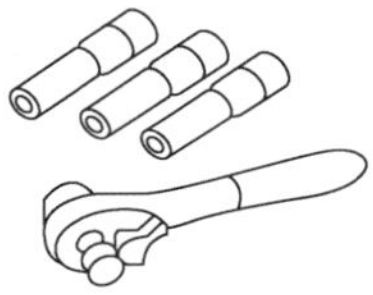	拆除及安装高压部件使用

2. 拆装注意事项

(1)严禁非专业人员对高压部件进行移除及安装等任何作业。

(2)未经过高压安全培训的维修人员,不允许对高压部件进行维护作业。

(3)车辆在充电过程中不允许对高压部件进行移除、维护等工作。

(4)如有可能,请指定另一人作为监护人,以便随时进行监护和帮助。

(5)维修人员进行高压系统检修时,必须佩戴相应的防护用品:高压绝缘手套、绝缘靴、护目镜,并使用高压绝缘工具。

(6)电控单元及高压系统部件、高压线束不可带电断开回路或插拔端子,防止造成电控单元及高压系统部件损坏或影响人身安全。

(7)拆卸维修高压部件时,首先断开低压蓄电池负极,再断开全车用电设备。等待 5min 后,使用专用万用表对高压部件进行电压测量,测量值 >0V 时,应使用专用放电工具对该部件进行放电,当电压完全消失后方可进行下一步操作。

(8)动力蓄电池、控制器开盖检修时,应注意防止杂物(金属、液体、塑料等)进入造成电路短路,引发事故。

(9)车辆完成维修后,对高压、低压电器部件及线束插接件是否安装到位进行检查,确认无误后,方可上电。

(10)动力蓄电池箱体螺栓连接在车身底板下方,整车维护时需观察动力蓄电池箱体螺栓是否松动,动力蓄电池箱体是否有破损或严重变形,密封凸缘是否完整,确保动力蓄电池可以正常工作。

(11)动力蓄电池拆卸时,需采用专用升降车或其他专用工具对产品进行装卸,要轻取轻放,不得扔掷、挤压,造成动力蓄电池系统损坏或对人身的意外伤害。

(12)对动力蓄电池包进行开箱维护时要有专用蓄电池维修车间,避免在维修过程中有异物进入动力蓄电池箱体内部导致蓄电池内部发生短路和腐蚀现象,对于备用蓄电池和未处理蓄电池要放在专用蓄电池放置托架上,避免发生磕碰与刮伤。

(13)动力蓄电池拆卸完毕后,移动或检修时都必须由佩戴绝缘手套、防护眼镜和绝缘鞋的专业人员操作,做开箱维护时要使用绝缘工具,防止蓄电池内部元件与工具连接搭铁造成电池内部损坏。

二、动力蓄电池的拆装

1. 拆装前的动力蓄电池信息收集

拆装前可以按照表 6-1-2 中的项目名称,对动力蓄电池的相关信息进行收集。

动力蓄电池信息表 表 6-1-2

项目名称	基本参数
车辆型号(车架号)	
动力蓄电池种类	
动力蓄电池标称电压	
动力蓄电池标称容量	
动力蓄电池标称电量	
动力蓄电池总质量	
动力蓄电池允许的最高温度	
动力蓄电池组合方式	

2. 动力蓄电池拆装步骤

动力蓄电池的拆装依据北汽 EU7 为例来说明动力蓄电池的拆装步骤。

1)放电流程

危险警告:在放电结束前请佩戴上所有的绝缘防护用品,并将场地隔离。否则将有可能遭遇电击,危及生命。

佩戴好绝缘帽、绝缘鞋、绝缘手套、护目眼镜等个人防护用品。

在醒目处放置警示牌,并将作业场地用安全警示带隔离开来,防止无关人员进入。

对高压部件进行作业前,必须确认新能源汽车启动停止按键处于 OFF 挡,12V 蓄电池负极已经断开,PEU 低压插件已经断开。

使用绝缘工具断开空调压缩机 PEU 端的高压插件,使用放电工具对其进行放电,直至放电工具显示灯熄灭为止，然后使用万用表对其电压进行测量，确保直流电压在 36V 以下，方可确认放电结束。

2）动力蓄电池拆装步骤

（1）关闭新能源汽车启动停止按键及所有用电器。

（2）断开低压蓄电池负极电缆。

（3）拆卸前机舱后部底护板。

（4）使用带有刻度的容器收集动力蓄电池冷却液。

（5）松开蓄电池出水管固定卡箍（箭头所指），脱开蓄电池出水管 1 与锂离子动力蓄电池系统总成的连接，如图 6-1-1 所示。

（6）松开蓄电池进水管固定卡箍（箭头所指），脱开蓄电池进水管 1 与锂离子动力蓄电池系统总成的连接，如图 6-1-2 所示。

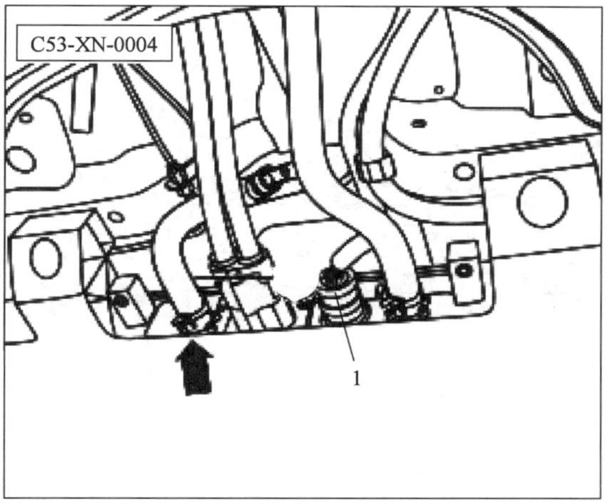

图 6-1-1　拆装示意图
1-出水管

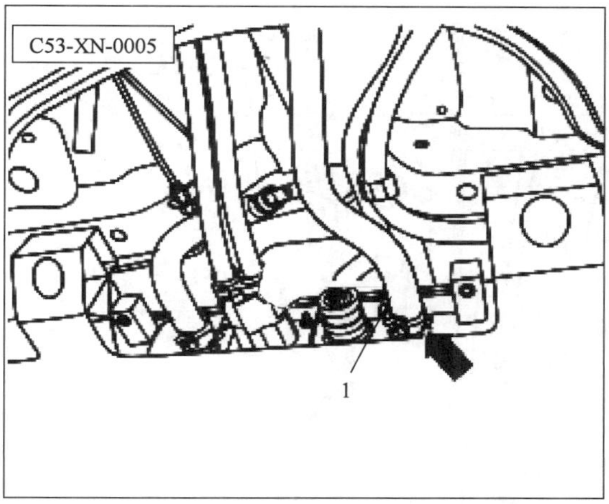

图 6-1-2　拆装示意图
1-进水管

（7）将气动喷枪软管 3 安装至锂离子动力蓄电池系统总成进水口上，如图 6-1-3 所示。

（8）将带有刻度的容器 2 置于锂离子动力蓄电池系统总成出水口 1 的下方，如图 6-1-3 所示。

（9）使用气动喷枪小心地将锂离子动力蓄电池系统总成中的冷却液吹入容器中，尽可能多的排出冷却液。

（10）打开解锁件，断开低压信号连接插头（箭头 C）。如图 6-1-4 所示。

（11）旋松电池高压线束连接插头固定螺栓（箭头 A），断开电池高压线束连接插头（箭头 B），如图 6-1-4 所示。

（12）旋出锂离子动力蓄电池系统总成搭铁线束固定螺栓（箭头所指），如图 6-1-5 所示。

（13）将锂离子动力蓄电池系统总成托架置于锂离子动力蓄电池系统总成下方。

（14）旋出锂离子动力蓄电池系统总成固定螺栓（箭头所指），如图 6-1-6 所示。

（15）旋出锂离子动力蓄电池系统总成固定螺栓（箭头 A 和箭头 B），缓慢降下锂离子动力蓄电池系统总成托架，取下动力蓄电池系统总成 1，如图 6-1-7 所示。

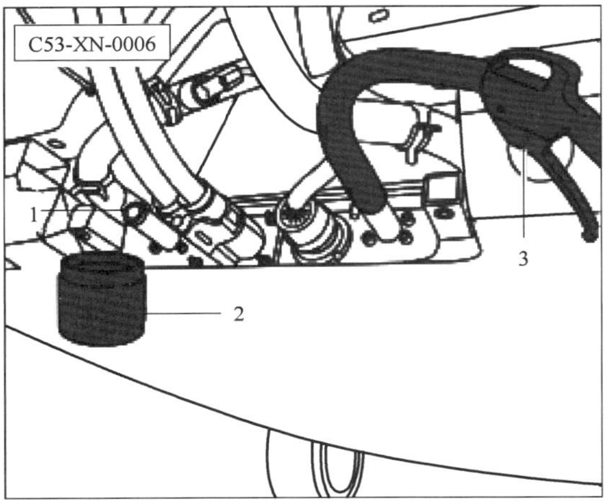

图 6-1-3　拆装示意图

1-进水管;2-有刻度容器;3-气动喷枪软管

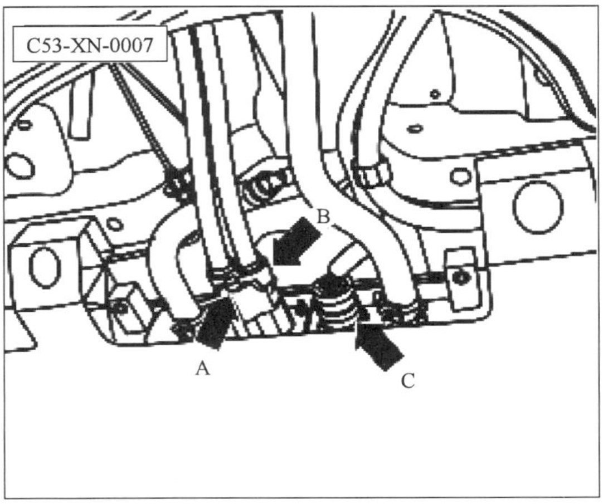

图 6-1-4　拆装示意图

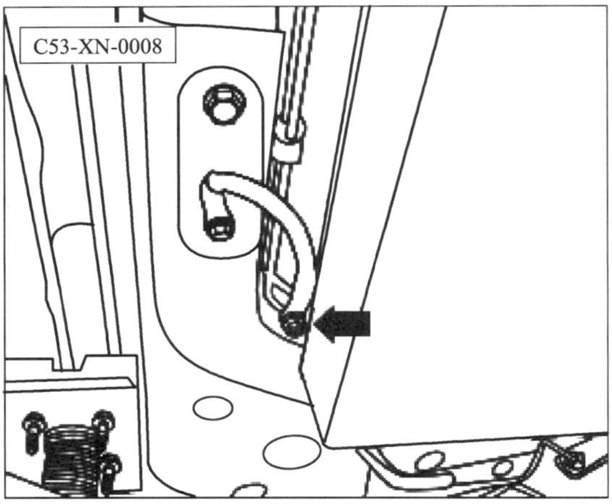

图 6-1-5　拆装示意图

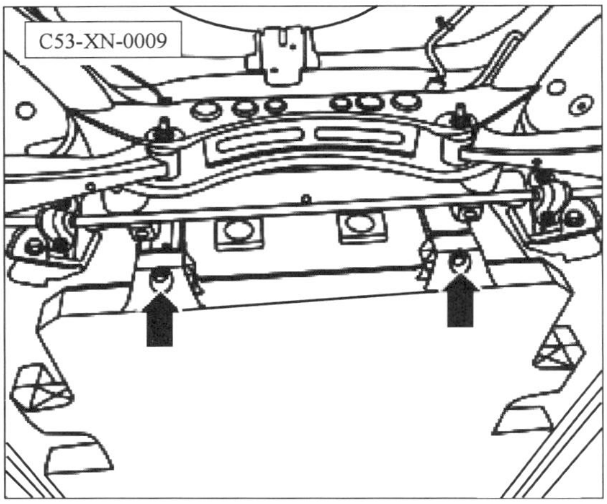

图 6-1-6　拆装示意图

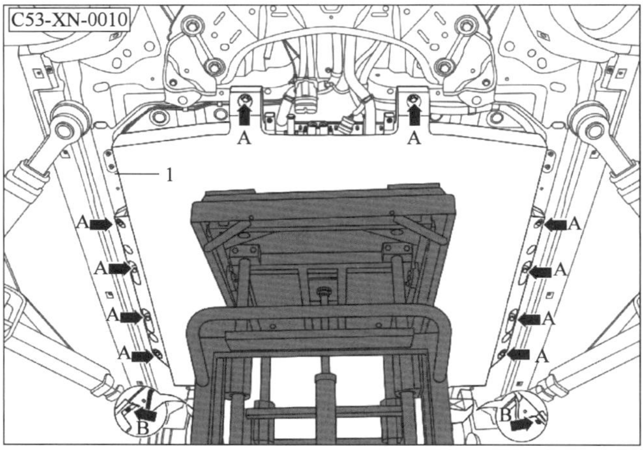

图 6-1-7　拆装示意图

1-动力蓄电池系统总成

(16)安装。

安装以倒序进行,同时注意下列事项:

锂离子动力蓄电池系统总成更换后,车辆启动/停止按键置于 RUN 状态,进行锂离子动力蓄电池系统总成配置(写入电池编码),具体配置项目参照诊断仪提示进行操作。

连接诊断仪进行检测。

三、动力蓄电池总成外观检查、维护

1. 动力蓄电池总成外观检查

(1)视检动力蓄电池总成安装固定螺栓紧固状态。

(2)视检动力蓄电池总成高压接口端子有无烧蚀,连接牢靠无松动,密封良好无水渍。

(3)视检动力蓄电池总成低压接口连接牢靠无松动,密封良好无水渍。

(4)保持动力蓄电池总成外表干燥、清洁。

2. 动力蓄电池包维护标准参数

(1)固定螺栓紧固,螺栓拧紧力矩:90 ~ 100N·m。

(2)等电位测量,电阻值:不大于 0.1Ω。

四、动力蓄电池总成安装后上电检查方法

1. 检查方向

(1)动力蓄电池总成定位销。

(2)动力蓄电池总成固定螺栓。

(3)高低压接插件安装连接牢靠无松动。

(4)动力蓄电池总成外壳与车身接地之间等电位电阻值。

动力蓄电池组总成安装

2. 检查标准

(1)检查定位销是否安装到位。

(2)动力蓄电池总成固定螺栓拧紧转矩是否符合标准。

(3)检查高低压接插件锁止机构是否锁止。

(4)测量动力蓄电池总成外壳与车身之间等电位电阻值是否符合标准。

实训工单

进行动力蓄电池的拆装与检测时,请按照拆装北汽 EU7 动力蓄电池(工作页)(表 6-1-3)的提示完成实操并记录。

拆装北汽 EU7 动力蓄电池(工作页)

表 6-1-3

<table>
<tr><td colspan="2" rowspan="2">拆装北汽 EU7 动力蓄电池</td><td colspan="2">班级：</td></tr>
<tr><td colspan="2">姓名：</td></tr>
<tr><td colspan="2">实训地点：</td><td colspan="2">实训时间：</td></tr>
<tr><td colspan="4">1. 车辆信息记录</td></tr>
<tr><td>品牌</td><td></td><td>整车型号</td><td></td></tr>
<tr><td>生产年月</td><td></td><td>车辆识别码</td><td></td></tr>
<tr><td colspan="4">2. 作业场地准备</td></tr>
<tr><td colspan="3">项目</td><td>是否正常</td></tr>
<tr><td colspan="3">检查设置隔离栏</td><td>□是 □否</td></tr>
<tr><td colspan="3">检查设置安全警示牌</td><td>□是 □否</td></tr>
<tr><td colspan="3">检查灭火器压力、有效期</td><td>□是 □否</td></tr>
<tr><td colspan="4">3. 对防护用品及仪器进行检查</td></tr>
<tr><td colspan="3">检查仪器名称</td><td>是否正常</td></tr>
<tr><td colspan="3">防护用具：绝缘手套、绝缘胶带、绝缘鞋、绝缘服、车辆防护用具</td><td>□是 □否</td></tr>
<tr><td colspan="3">拆装工具：新能源专用拆装工具套装、旋具、蓄电池托架</td><td>□是 □否</td></tr>
<tr><td colspan="3">检测工具：万用表</td><td>□是 □否</td></tr>
<tr><td colspan="4">4. 车辆信息查找记录</td></tr>
</table>

<table>
<tr><td colspan="6">实施步骤</td></tr>
<tr><td rowspan="8">车辆铭牌信息</td><td>铭牌位置</td><td colspan="4"></td></tr>
<tr><td>制造厂</td><td></td><td>制造年月</td><td colspan="2"></td></tr>
<tr><td>车辆品牌</td><td></td><td>最大允许总质量</td><td colspan="2"></td></tr>
<tr><td>驱动电机型号</td><td></td><td>整车整备质量</td><td colspan="2"></td></tr>
<tr><td>驱动电机峰值功率</td><td></td><td>乘坐人数</td><td colspan="2"></td></tr>
<tr><td>动力蓄电池系统额定电压</td><td></td><td>整车型号</td><td colspan="2"></td></tr>
<tr><td>动力蓄电池系统额定容量</td><td colspan="4"></td></tr>
<tr><td>车辆识别码(VIN 码)</td><td colspan="4"></td></tr>
<tr><td rowspan="4">动力蓄电池信息</td><td>位置</td><td colspan="4"></td></tr>
<tr><td rowspan="3">参数信息</td><td>型号</td><td></td><td>电池能量</td><td></td></tr>
<tr><td>标称容量</td><td></td><td>标称电压</td><td></td></tr>
<tr><td>质量</td><td></td><td></td><td></td></tr>
<tr><td rowspan="6">动力蓄电池总成拆装</td><td colspan="4">实施步骤</td><td>完成情况</td></tr>
<tr><td colspan="4">(1)关闭车辆起动停止按键，并将钥匙开关放置指定位置(工具盒)</td><td>□是 □否</td></tr>
<tr><td colspan="4">(2)断开低压蓄电池负极</td><td>□是 □否</td></tr>
<tr><td colspan="4">(3)铺设绝缘防护垫，穿戴绝缘防护装备</td><td>□是 □否</td></tr>
<tr><td colspan="4">(4)断开 PEU 总成低压接插件</td><td>□是 □否</td></tr>
<tr><td colspan="4">(5)断开 EAS 或 PTC 高压接插件</td><td>□是 □否</td></tr>
</table>

续上表

	实施步骤	完成情况
动力蓄电池总成拆装	(6)使用放电工装,进行高压放电	□是　□否
	(7)万用表测量高压部件±极之间电压	□是　□否
	(8)举升车辆到达合适高度,锁止举升机	□是　□否
	(9)断开动力蓄电池总成低压接口	□是　□否
	(10)断开动力蓄电池总成高压接口,并进行高压防护处理(绝缘保护罩)	□是　□否
	(11)使用蓄电池举升车将蓄电池总成托举,调整接触位置,检查动力蓄电池总成平稳性	□是　□否
	(12)选取合适工具对蓄电池总成固定螺栓进行拆卸	□是　□否
	(13)操作蓄电池举升车,将动力蓄电池总成移出车辆底部,完成蓄电池总成拆卸	□是　□否
	(14)检查动力蓄电池总成上盖螺栓是否紧固	□是　□否
	(15)检查连接高低压接插件座固定螺栓是否紧固	□是　□否
	(16)检查高低压线束接插件有无破损、污渍、损坏	□是　□否
	(17)使用干布对动力蓄电池总成进行外表清洁	□是　□否
	(18)检查接插件插针有无烧蚀痕迹	□是　□否
	(19)检查动力蓄电池总成定位销位置	□是　□否
	(20)检查动力蓄电池总成固定螺栓拧紧转矩	□是　□否
	(21)动力蓄电池总成安装完成后,测动力蓄电池外壳与车身之间电阻值	□是　□否
	(22)清理动力蓄电池总成高压接口,并连接高压接口	□是　□否
	(23)清理动力蓄电池总成低压接口,并连接低压接口	□是　□否
	(24)恢复PEU总成高压接口,并安装低压接口	□是　□否
	(25)安装低压蓄电池负极电缆	□是　□否
	(26)检查整车机舱内是否遗留杂物	□是　□否
	(27)领取钥匙,进行上电验车,检查仪表故障灯现象	□是　□否
	(28)使用专用解码仪进行动力蓄电池系统故障码读取	□是　□否
	总结:(在本次实操过程中,你认为应该注意的点有哪些?)	
5. 现场7S管理		
建立安全操作环境		是□　否□
清理及整理工量具		是□　否□
清理及复原车辆正常状况		是□　否□
清洗场地		是□　否□
物品回收和环保		是□　否□
完善和检查工作		是□　否□
实训人(签字):	监督人(签字):	

实训考核

学生完成动力蓄电池的拆装与检测实训任务后，由实训老师按表 6-1-4 考核评价内容对学生进行实训考核。

动力蓄电池的拆装与检测考核评分表 表 6-1-4

动力蓄电池的拆装与检测				实习日期：			
姓名：		班级：		学号：		导师签名：	
自评：□熟练 □不熟练		互评：□熟练 □不熟练		师评：□合格 □不合格			
日期：		日期：		日期：			
评分细则							
序号	评分项	得分条件	分值	评分要求	自评	互评	师评
1	安全/7S/态度	□(1)能进行工位 7S 操作 □(2)能进行设备和工具安全检查 □(3)能进行车辆安全防护操作 □(4)能进行工量具清洁、校准、存放操作 □(5)能进行三不落地操作	10	未完成 1 项扣 2 分，扣分不得超过 10 分	□熟练 □不熟练	□熟练 □不熟练	□合格 □不合格
2	专业技能能力	(1)个人防护装备及测试设备选用 □①选择合适的绝缘手套，并记录其参数 □②选择合适的绝缘靴，并记录其参数 □③检测绝缘手套表面平滑度、内外面是否存在针孔、疵点、裂纹、砂眼、杂质、修剪损伤、夹紧痕迹、粘连、发脆等各种明显缺陷和明显的波纹及明显的铸模痕迹 □④吹鼓手套，由袖口向手指方向滚卷至手腕，滚卷过程中未卷部分应无漏气现象 □⑤检测绝缘靴外底应有防滑花纹、鞋底(跟)磨损是否超过 1/2 (2)按照新能源汽车高电压系统维修规范，对实车进行高压断电操作 □①将钥匙开关旋转至 LOCK 挡位，并取出放置于零件盒中 □②静置 2～3min，断开蓄电池负极并做防护处理 □③正确断开 PEU 总成低压接插件，并做防护处理 □④正确断开 PTC 高压接插件，并做防护处理 □⑤正确进行高压验电操作					

续上表

序号	评分项	得分条件	分值	评分要求	自评	互评	师评
2	专业技能能力	(3)按照新能源汽车高电压系统维修规范,完成动力蓄电池总成接插件拆卸 □①按照举升车辆操作规范完成车辆举升 □②正确打开动力蓄电池低压接插件,并进行防护处理 □③正确解锁动力蓄电池第一道锁止机构 □④正确解锁动力蓄电池第二道锁止机构 □⑤正确解锁动力蓄电池第三道锁止机构 □⑥正确断开动力蓄电池高压接插件,并进行防护处理 (4)按照新能源汽车高电压系统维修规范,完成动力蓄电池总成拆卸与外观检视 □①正确操作蓄电池举升车,托举合适位置 □②正确操作蓄电池举升车,托举合适力度 □③正确拆卸动力蓄电池总成固定螺栓 12 颗 □④对动力蓄电池表面进行正确清洁处理 □⑤对动力蓄电池表面进行外观检测 (5)按照新能源汽车高电压系统维修规范,完成动力蓄电池总成安装与上电检查 □①正确安装动力蓄电池总成 □②取下高压接插件防重连装置,检查各个接插件外观情况 □③安装高低压接插件顺序正确 □④安装高压接插件,并检查其安装紧固情况 □⑤安装低压接插件,并检查其安装紧固情况 □⑥正确安装蓄电池负极 □⑦连接故障解码仪正确读取动力蓄电池系统故障码 □⑧插入钥匙,并依次旋转至 lock-acc-on-start 挡位,观察 Ready 指示灯是否点亮 □⑨旋转钥匙开关至 LOCK,取出钥匙	60	未完成 1 项扣 5 分,扣分不得超过 60 分	□熟练 □不熟练	□熟练 □不熟练	□合格 □不合格

续上表

序号	评分项	得分条件	分值	评分要求	自评	互评	师评
3	工具及设备的使用能力	□(1)检查设置安全警示牌 □(2)检查灭火器压力、有效期 □(3)安装车辆挡块 □(4)能正确检查防护用具:绝缘手套、绝缘胶带、绝缘鞋、绝缘服、车辆防护用具 □(5)能正确检查拆装工具:新能源汽车专用拆装工具套装、扭矩扳手 □(6)能正确检查检测工具:万用表	5	未完成1项扣1分,扣分不得超过5分	□熟练 □不熟练	□熟练 □不熟练	□合格 □不合格
4	车辆铭牌信息	□(1)能正确查找到车辆铭牌的位置 □(2)能正确记录车辆铭牌信息 □(3)能正确识读车辆铭牌信息内容	5	未完成1项扣1分,扣分不得超过5分	□熟练 □不熟练	□熟练 □不熟练	□合格 □不合格
5	动力蓄电池信息	□(1)能正确查找动力蓄电池的安装位置 □(2)能正确记录动力蓄电池参数信息 □(3)能正确识读动力蓄电池参数	5	未完成1项扣5分,扣分不得超过15分	□熟练 □不熟练	□熟练 □不熟练	□合格 □不合格
6	诊断、检测、调校能力	□(1)能判断等电位电阻值是否合格 □(2)能判断动力蓄电池固定螺栓转矩是否合格 □(3)能判断新能源汽车高电压系统断电是否安全 □(4)能判断新能源汽车高压系统激活状态是否正常 □(5)能判断上电后动力蓄电池系统有无故障	10	未完成1项扣2分,扣分不得超过10分	□熟练 □不熟练	□熟练 □不熟练	□合格 □不合格
7	表单填写与报告的撰写能力	□字迹清晰 □语句通顺 □无错别字 □无涂改 □无抄袭	5	未完成1项扣1分,扣分不得超过5分	□熟练 □不熟练	□熟练 □不熟练	□合格 □不合格
总分:							

项目七　动力蓄电池的回收处理

实训　锂离子动力蓄电池的回收处理

实训目标

本实训的主要目标是锂离子动力蓄电池的回收处理。

知识准备

参照后面的内容,并查阅锂离子动力蓄电池回收实训的相关资料,完成以下各题。

(1)动力蓄电池电池拆卸步骤:__________→__________→__________→__________→__________。

(2)在比亚迪 e6 车上采用磷酸铁锂蓄电池,__________个单体蓄电池,每个单体蓄电池__________V,蓄电池包标称电压__________V,标称容量__________A·h,一次充电__________kW·h。

(3)在车上进行动力蓄电池拆卸时,断电操作主要步骤是:①__________;②__________;③__________。

(4)一般检测单体蓄电池电压可用__________表,检测单体蓄电池绝缘可用__________表。

实训准备

本实训任务需准备的资源、要求及注意事项如下。

(1)资源:实训车辆(本次实训采用的实训车型是比亚迪 e6)、保洁三件套、五件套、万用表、绝缘手套、绝缘鞋、绝缘垫、实训学习页、工作页、万用表、兆欧表、诊断仪、防护用品、专用工具、拆解工具、分离设备、安全设施等,动力蓄电池回收相关的教学视频和文献资料。

(2)任务:依据实训工艺流程,完成对锂离子动力蓄电池的回收处理。

(3)要求:

①遵守实训车间纪律要求,听从实训教师的工作安排;

②严格按照实训学习页工艺流程进行操作,不可跨流程进行操作;

③时间:用时 120min;

④方式:小组合作形式完成;

⑤作业：完成工作页及相关记录。

注意事项：

(1)设施设备等橙色部件及高压警示的部件为高压部件，触碰高压部件之间必须完成断电及自身安全防护；

(2)有通电需求前应得到实训老师允许才可以进行；

(3)实训前必须进行安全教育和操作培训；

(4)实训过程中严格遵守操作规程，确保人身安全；

(5)实训结束后，对设备和场地进行彻底清理。

一、锂离子动力蓄电池与车辆分离（比亚迪 e6 动力蓄电池拆卸）

1. 设置警示隔离区

在场地工作区域设置警示隔离区和警示牌，四周拉起警戒线，如图 7-1-1 所示。

2. 将车辆断电停好

将车辆起动按钮转到 OFF 挡，如图 7-1-2 所示，检查驻车制动器处于制动状态，将挡位操纵杆放置在 P 挡，确保车辆无法起动，钥匙由实操人员保管，等待 5min。

图 7-1-1 设置警示隔离区、警示牌、四周拉起警戒线

图 7-1-2 起动按钮转到 OFF 挡

3. 拔下维修开关

打开车辆内室储物盒，并取出内部物品，取出储物盒底部隔板，取出维修开关上盖板，取出维修开关，维修开关取下操作如图 7-1-3 所示。

4. 拆卸低压蓄电池负极

使用梅花扳手，拧下 12V 铅酸蓄电池负极的固定螺栓，拔下 12V 铅酸蓄电瓶负极接线，如图 7-1-4 所示。

5. 拆卸动力蓄电池低压插头

拆卸动力蓄电池与 BMS 等连接的低压线，使其通信断开，如图 7-1-5 所示。

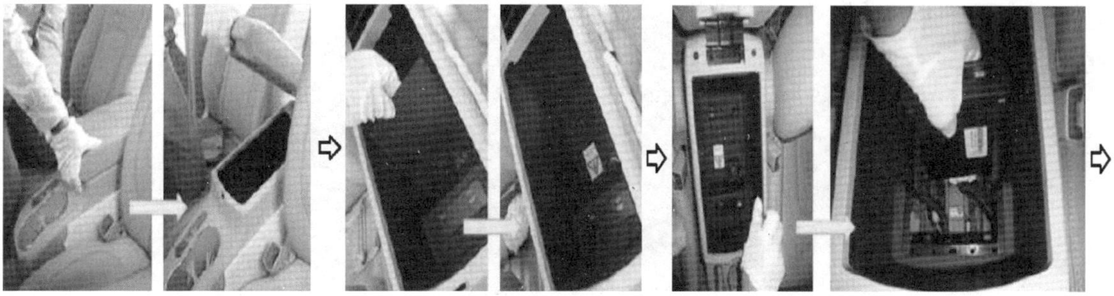

a)　　b)　　c)

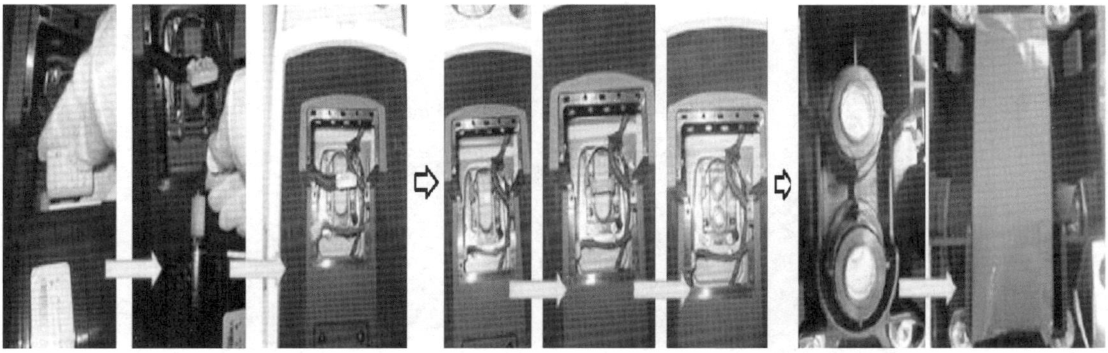

d)　　e)　　f)

图 7-1-3　取下维修开关

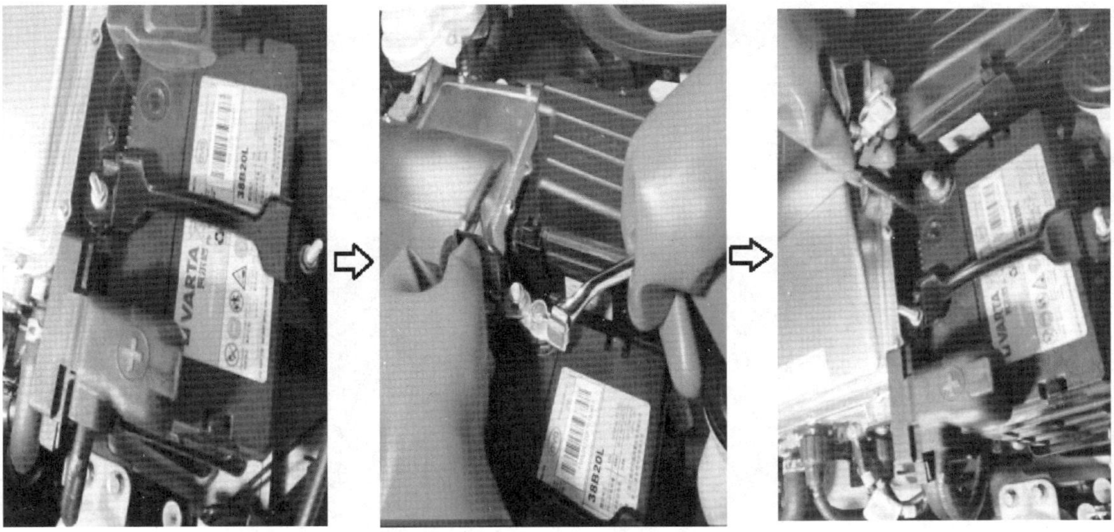

a)　　b)　　c)

图 7-1-4　拆卸低压蓄电池负极线

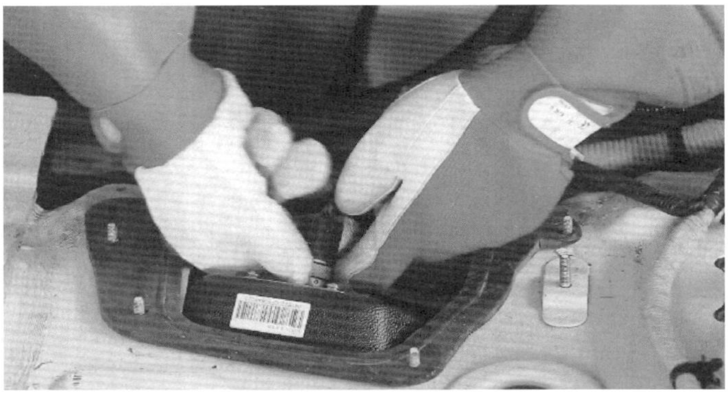

图 7-1-5　拆卸动力蓄电池的低压插头

6. 拆卸动力蓄电池正负极高压插头

拆卸动力蓄电池与高压配电箱连接的正极、负极高压插头，如图 7-1-6 所示。

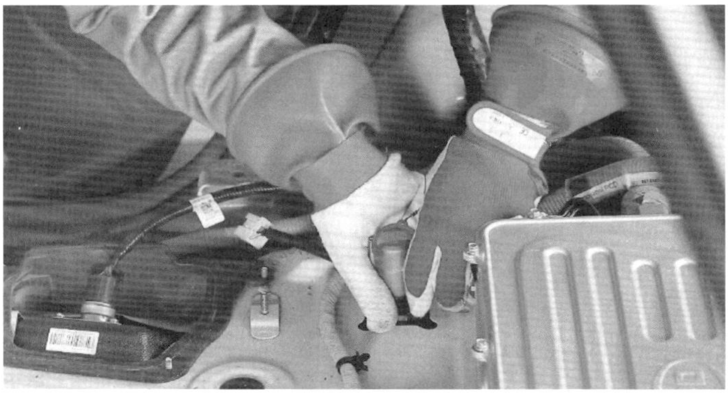

图 7-1-6　拆卸动力蓄电池的高压插头

7. 拆卸动力蓄电池

举升车辆后，使用专用工具，把动力蓄电池从车上拆卸下来，如图 7-1-7、图 7-1-8 所示。

图 7-1-7　专用工具托举动力蓄电池

图 7-1-8　拆卸动力蓄电池与车辆分离

二、锂离子动力蓄电池包分解(麒麟蓄电池拆解)

1. 拆卸动力蓄电池的外壳

动力蓄电池从车上分离后,成为一个整体的蓄电池包,需要把外壳拆卸,如图 7-1-9 所示。

图 7-1-9　拆卸动力蓄电池外壳

2. 拆卸动力蓄电池的隔离板

拆卸动力蓄电池的隔离板,如图 7-1-10 所示。

3. 拆卸动力蓄电池的铝巴

使用专用工具,撬走电芯上的铝巴,注意做好短路防护,如图 7-1-11 所示。

4. 拆解电芯

敲电芯主要用橡胶锤和楔子这两个工具,将楔子插进电芯和夹层中间,然后用橡胶锤捶打楔子,让电芯和夹层更快分离,如图 7-1-12 所示。

图 7-1-10　拆卸动力蓄电池的隔离板

图 7-1-11　拆卸动力蓄电池的铝巴

图 7-1-12　拆解电芯

5. 取出电芯

电芯的侧面覆盖了一层类似双面胶的东西，将电芯和夹层紧紧粘在一起，取电芯的时候用力使其分离，如图 7-1-13 所示。

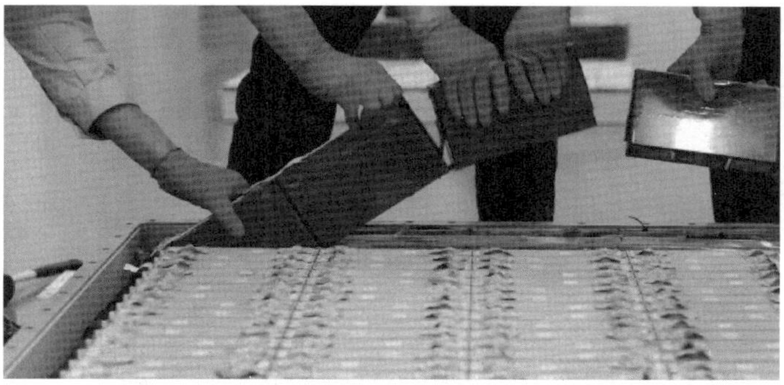

图 7-1-13　取出电芯

三、电芯检测

1. 外观检查

首先,对废旧动力蓄电池电芯进行外观检查,包括检查是否有破损、变形、漏液痕迹、泡水痕迹等。这些检查可以帮助初步判断电芯是否受到物理损伤或化学腐蚀,从而影响其性能和安全性,如图 7-1-14 所示。

2. 绝缘电阻测试

使用兆欧表进行绝缘电阻测试,这是评估电芯绝缘性能的重要手段。测试时,需要摘除金属饰品,穿好绝缘鞋,戴好绝缘手套,将测试表笔接触电芯壳体和 MSD(手动维护断开装置)接口,通过测试完成的绝缘电阻值来判断电芯的绝缘性能,如图 7-1-15 所示。

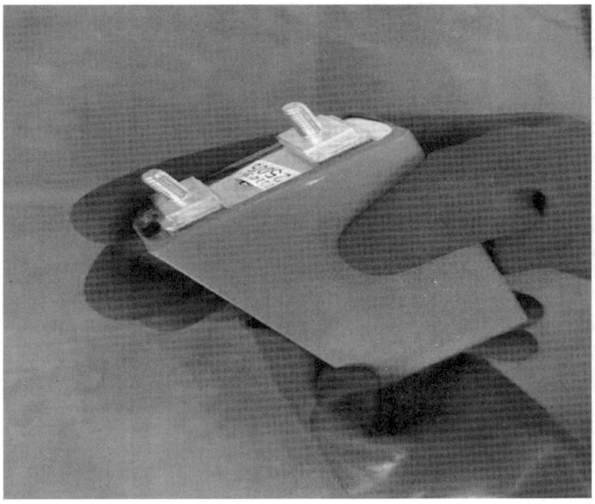

图 7-1-14　电芯外观检测

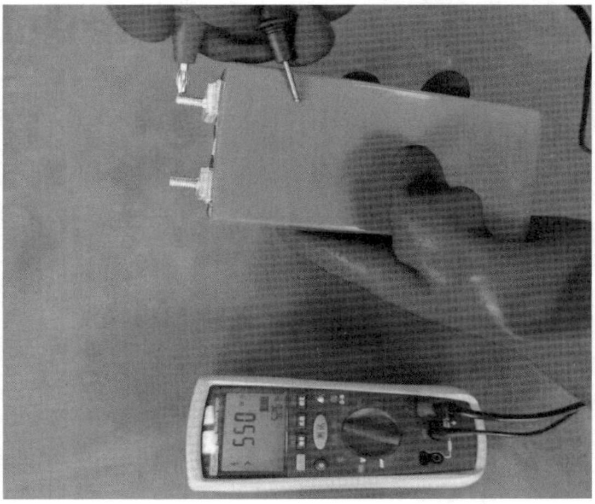

图 7-1-15　电芯绝缘电阻测试

3. 电压和内阻测试

通过测量电压和内阻可以判断电芯是否还能继续使用,如图 7-1-16 所示。

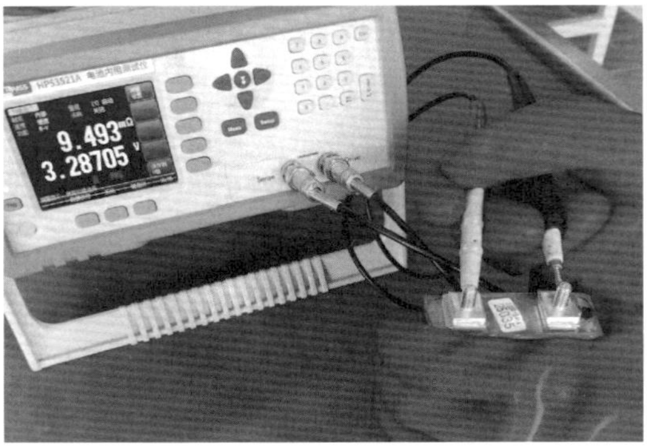

图 7-1-16　电芯电压和内阻测试

4. 容量测试

(1)将电芯充满电,待电芯内压稳定后,用标准恒流放电装置对电芯进行恒流放电;

(2)记录电芯放电的时间、放电过程中单体蓄电池端电压的变化;

(3)计算出电芯容量:电芯容量 =(恒流放电时间 × 恒流放电电流)/60。

四、不能再使用电池的处理

容量降至 60% ~80% 的锂离子蓄电池经过拆解、检测、分容、组装,应用在运行工况相对良好、对蓄电池性能要求较低的领域,如基站的备电领域、低速电动车领域等;不能再使用的报废蓄电池,回收利用一般需要经过破碎、热解、分选几个流程。破碎是将蓄电池进行拆解,以便后续工序的处理;热解主要是去除废旧蓄电池中的隔膜、电解液等杂质;分选主要是将混合在一起的各种金属以及石墨等原料进行分类收集。

1. 破碎

回收过程的第一步是将废旧锂离子蓄电池进行破碎。这是为了将蓄电池外壳和内部电极等组件分离,并将其变成更小的颗粒,以方便后续的处理,如图 7-1-17 所示。破碎可以采用机械破碎设备,如颚式破碎机或锤式破碎机。破碎后,蓄电池内部的电解液、电极材料和外壳等组成部分变成混合物。

2. 热解

在热解阶段,通过高温处理将废旧锂离子蓄电池中的有机物质进行热解反应,使其分解为简单的化合物。这个过程是在非氧化性环境中进行的,通常采用惰性气体,如氮气或氩气。热解会将蓄电池中的有机胶体、塑料和电解质等物质转化为气体和液体产物。

3. 分选

在热解后,产生的气体和液体产物中可能含有有用的物质,如有机化合物和金属化合物。分选的目的是将这些有用物质从产生的废物中分离出来,以进行进一步的回收利用。分选可以通过多个步骤来实现,包括液体—液体分离、气体—液体分离和气体—气体分离等。

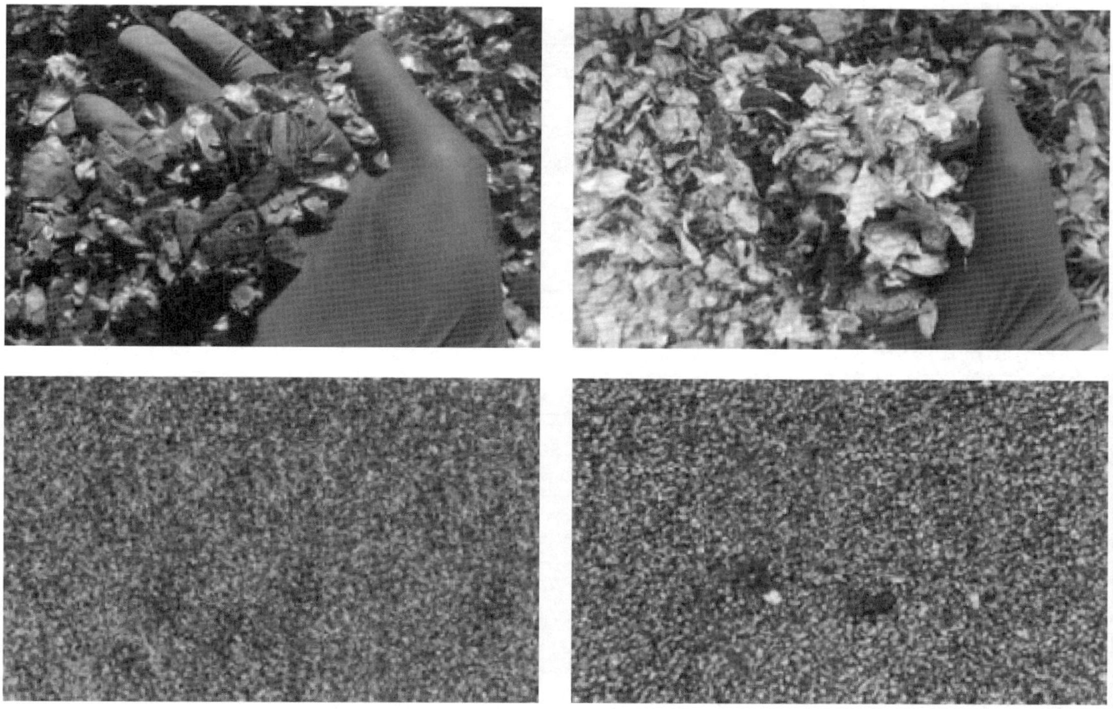

图 7-1-17　破碎后的蓄电池混合物

4. 蓄电池材料回收

经过上述处理步骤后,废旧锂离子蓄电池中的有用材料已经得到分离和回收。其中,回收的金属材料可能包括锂、钴、镍等。这些金属可以用于生产新的蓄电池或其他产品。此外,还可以回收有机化合物,用于其他工业产品应用。

实训工单

进行锂离子动力蓄电池的回收处理时,请按照锂离子动力蓄电池拆卸及电芯检测(工作页)(表 7-1-1)的提示完成实操并记录。

锂离子动力蓄电池拆卸及电芯检测(工作页)　　表 7-1-1

<table>
<tr><td colspan="3" rowspan="2">锂离子动力蓄电池拆卸
及电芯检测</td><td colspan="3">班级:</td></tr>
<tr><td colspan="3">姓名:</td></tr>
<tr><td colspan="3">实训地点:</td><td colspan="3">实训时间:　　年　月　日</td></tr>
<tr><td colspan="6">1. 车辆信息记录</td></tr>
<tr><td>品牌</td><td></td><td>整车型号</td><td></td><td>生产年月</td><td></td></tr>
<tr><td>动力蓄电池电压</td><td></td><td>动力蓄电池
剩余电量</td><td></td><td>动力蓄电池状态</td><td></td></tr>
<tr><td>动力蓄电池参数</td><td colspan="5"></td></tr>
</table>

续上表

2. 作业场地准备	
检查设置隔离栏	□是 □否
检查设置安全警示牌	□是 □否
检查灭火器压力、有效期	□是 □否
安装车辆挡块	□是 □否
3. 对仪器进行检查	
检查仪器名称	是否正常
防护用具：绝缘手套、车辆防护用具、警示牌、护栏	□是 □否
拆装工具：新能源汽车专用拆装工具套装、工具车、拆装桌、拆装垫	□是 □否
检测工具：万用表、兆欧表、解码仪	□是 □否
4. 动力蓄电池拆卸	
实施步骤	是否完成
(1)车辆处于断电状态，钥匙被取下	是□ 否□
(2)取下维修开关	是□ 否□
(3)断开低压蓄电池负极	是□ 否□
(4)举升车辆	是□ 否□
(5)拆卸动力蓄电池低压插头	是□ 否□
(6)拆卸动力蓄电池正负极高压插头	是□ 否□
(7)拆卸动力蓄电池托盘紧固螺栓	是□ 否□
(8)使用动力蓄电池专用托举工具托举动力蓄电池托盘	是□ 否□
(9)使动力蓄电池与车辆分离	是□ 否□
(10)拆卸动力蓄电池的外壳	是□ 否□
(11)拆卸动力蓄电池的隔离板	是□ 否□
(12)拆卸动力蓄电池的铝巴	是□ 否□
(13)拆解电芯	是□ 否□
(14)从动力蓄电池包里取出电芯	是□ 否□
(15)电芯检查外观　是□　否□破损、是□　否□鼓包、是□　否□变形，是□　否□正常	是□ 否□
(16)电芯极柱上螺纹结构　是□　否□破损。如果有________个单体蓄电池损坏。是□　否□做好标识	是□ 否□

(17)用内阻测试仪检测电芯的电压和内阻		
检测内容	基本状况	
电压	电压________V	正常□ 异常□
内阻	内阻________MΩ	正常□ 异常□
(18)用兆欧表检测绝缘		
绝缘电阻	电阻________MΩ	正常□ 异常□

续上表

检测内容	是否正常
(19)容量计算________	正常□　异常□
(20)电芯是否状态良好	是□　否□
5. 现场7S管理	
建立安全操作环境	是□　否□
清理及整理工量具	是□　否□
清理及复原车辆正常状况	是□　否□
清洗场地	是□　否□
物品回收和环保	是□　否□
完善和检查工作	是□　否□
实训人(签字):	监督人(签字):

实训考核

学生完成锂离子动力蓄电池的回收处理实训任务后,由实训老师按表7-1-2考核评价内容对学生进行实训考核。

锂离子动力蓄电池拆卸及电芯检测(考核评价表)　　表7-1-2

锂离子动力蓄电池拆卸及电芯检测				实习日期:			
姓名:		班级:		学号:		导师签名:	
自评:□熟练　□不熟练		互评:□熟练　□不熟练		师评:□合格　□不合格			
开始时间:		结束时间:		总计(分):			
评分细则							
序号	评分项	得分条件	分值	评分要求	自评	互评	师评
1	安全/7S/态度	□(1)能进行工位7S操作 □(2)能进行设备和工具安全检查 □(3)能进行车辆安全防护操作 □(4)能进行工量具清洁、校准、存放操作 □(5)能进行三不落地操作	10	未完成1项扣2分,扣分不得超过10分	□熟练 □不熟练	□熟练 □不熟练	□合格 □不合格

续上表

序号	评分项	得分条件	分值	评分要求	自评	互评	师评
2	专业技能能力	□(1)关闭车辆电源、拔下车钥匙 □(2)拆下低压蓄电池负极、使用绝缘胶带包好 □(3)佩戴绝缘手套、断开高压维修开关 □(4)拆下动力蓄电池低压线束插头 □(5)拆下动力蓄电池总正、总负极高压接线插头 □(6)拆下动力蓄电池的盘托架固定螺栓 □(7)拆下动力蓄电池总成,使其与车辆分离 □(8)拆下动力蓄电池外壳 □(9)拆下动力蓄电池隔离板 □(10)拆下动力蓄电池铝巴 □(11)拆分动力蓄电池电芯 □(12)电芯外观检查并记录 □(13)电芯电压、内阻测试并记录 □(14)电芯绝缘检测并记录 □(15)电芯容量计算并记录	80	未完成1项扣5分,扣分不得超过80分	□熟练 □不熟练	□熟练 □不熟练	□合格 □不合格
3	工具及设备的使用能力	□(1)检查设置隔离栏 □(2)检查设置安全警示牌 □(3)检查灭火器压力、有效期 □(4)安装车辆挡块 □(5)能正确检查防护用具:绝缘手套、绝缘胶带、绝缘鞋、绝缘服、车辆防护用具 □(6)能正确检查拆装工具:新能源汽车专用拆装工具套装、扭力扳手 □(7)能正确检查使用动力蓄电池托举工具车 □(8)能正确检查、使用、拆装专用工具 □(9)能正确检查检测工具:内阻测试仪、兆欧表	10	未完成1项扣1分,扣分不得超过10分	□熟练 □不熟练	□熟练 □不熟练	□合格 □不合格
总分:							